HISTOIRE

DES

Relations entre la France et les Roumains

PAR

N. IORGA

Professeur à l'Université de Bucarest,
Membre de l'Académie Roumaine.

JASSY
Imprimerie „Progresul"
1917

HISTOIRE

DES

Relations entre la France et les Roumains

PAR

N. IORGA

Professeur à l'Université de Bucarest,
Membre de l'Académie Roumaine.

JASSY
Imprimerie „Progresul“
1917

Relations entre la France et les Roumains

Ce petit livre fut commencé au moment où se posait pour la Roumanie le grave problème de ses destinées futures ainsi que celui de son devoir envers la justice, la civilisation et l'humanité. Quelques chapitres parurent dans l'„Indépendance Roumaine". Le reste est inédit.

L'Académie Roumaine avait pris la décision de publier cette contribution historique que la Roumanie devait bien, surtout à cette heure de lutte commune, à sa sœur aînée et à la noble protectrice de ses débuts. Elle aurait paru, à Bucarest, dans d'autres conditions. A Jassy, à l'heure de la retraite et des préparatifs fiévreux pour la revanche, elle se présente dans l'humble vêtement de nos malheurs.

Le but de l'auteur, ancien élève des écoles de France, est seulement de faire savoir au public français que la politique actuelle de la Roumanie n'est pas une improvisation, ni un caprice, qu'elle répond à d'anciennes traditions et suit le chemin indiqué par le développement historique.

Jassy, 30 décembre 1916.

ERRATA

Page	ligne	au lieu de	lire
7	16	doudrait	voudrait
13	8	recouvrir	recouvrer
29	6	roumains	romains
51	1	a	la
60	13	ce régime	ces régions
71	1	iégère	légère
74	17	idés fes	dès les
76	26	opineitres	opiniâtres
85	27	ils n'avaient	il n'avait
90	11	quelq'un... certant	quelqu'un... certain
93	8	seuropéenne	européenne
101	8	italiennes à leurs	italiens à leur
138	4	distinctis	distinctifs
141	28	éclaire	éclairée

Caetera benevolus lector corriget...

CHAPITRE I

Premières relations pendant l'antiquité et le moyen-âge

Pour trouver le premier contact entre la race française et la race roumaine, apparentées par la descendance latine commune, — qui n'exclut pas le puissant apport gaulois, d'un côté, et dace, c'est-à-dire thraco-illyrien, de l'autre, — il faudrait remonter, en ce qui concerne cet élément barbare luimême, à l'époque très éloignée où les Gaulois, dans leur large expansion conquérante, passaient les rivières qui bornent au Nord la Péninsule Balcanique pour arriver jusqu'aux sanctuaires de l'ancienne Grèce. Avant ou après ce grand événement de la migration des peuples, des éléments de sang gaulois s'établirent dans le voisinage des Daces. On en a la preuve par le nom que portent des peuplades qui subsistèrent dans ces régions jusqu'à l'époque romaine: tels les Scordisques, voisins méridionaux de la Pannonie. On pourrait même admettre qu'entre le territoire occupé par les Thraco-Illyriens et celui qui, au Nord de l'Italie ainsi que dans les Gaules elles-mêmes, resta dans la possession de la race gauloise, il y ait eu une population mixte, dans laquelle on pourrait faire entrer aussi peut-être les Pannoniens, lesquels devraient leur formation ethnique au mélange entre les deux grandes races capables de civilisation propre qui se maintinrent pendant longtemps devant la conquête organisatrice des Romains en Occident comme en Orient.

Des mélanges de sang ont pu avoir lieu aussi au moment où, Rome étant la dominatrice sur la Loire aussi bien que sur le Danube, des éléments militaires d'origine dace étaient employés dans des légions des Gaules ou, inversement, des éléments gaulois dans celles de la Dacie. Mais c'est un fait d'un caractère général, appartenant à la circulation intérieure des peuples dans les larges cadres géographiques de l'Empire, et non un phénomène particulier aux relations entre les ancêtres des Français et ceux des Roumains.

Cependant, bien avant la fondation, vers 1300, de la Principauté de Valachie et de la Principauté de Moldavie, vers 1360, bien avant l'apparition, au XIII-e siècle, des premiers Voévodats roumains il y eut des relations intéressantes entre les uns et les autres. Les „gesta Dei per Francos", l'accomplissement de la volonté divine grâce aux chevaliers français, le grand mouvement des croisades, parti de France et représenté jusqu'au bout en première ligne par la classe militaire française, fondatrice en Orient d'un Royaume de Jérusalem et d'un Empire de Constantinople, de nombreux fiefs militaires, avaient commencé avec la fin du XI-e siècle. A ce moment même la race roumaine commençait à jouer un rôle dans les Balcans. Elle soutint certainement cette révolte macédonienne, qui, se rappelant les traditions d'inimitié envers Byzance de l'ancienne Bulgarie détruite par les Byzantins, fonda un État qui prétendait représenter cette Bulgarie même, ressuscitée de ses ruines. Ce furent des Valaques du Pinde qui luttèrent, pendant de nombreuses années, avec la bravoure caractéristique à leur race, contre les légions de l'empereur Basile, „le Tueur de Bulgares", sous les drapeaux du prince manichéen qui se faisait appeler le Tzar Samuel. Tous ceux qui traversèrent la péninsule au cours de la première croisade, ainsi que plus tard, lorsque les troupes de Louis VII, roi de France, suivirent la même voie balcanique que l'armée allemande du roi

Conrad, eurent à faire, dans „la forêt des Bulgares", qui s'étendait sur la plus grande partie de la région serbe actuelle, ainsi que dans les défilés des Balcans et du Pinde, à des rodeurs valaques, à des pâtres et des guides appartenant à la même nation, à des soldats de l'Empereur, des archers principalement, qui avaient été recrutés dans la „Grande Valachie" thessalienne, province de pâtres et de guerriers.

A la fin du XII-e siècle, lorsque la prédication fervente de Foulques de Neuilly et l'adhésion de Thibaut de Champagne et des chevaliers da „sa terre", remplacé, a sa mort, dans le commandement suprême par l'Italien à demi-français Conrad de Monferrat, provoquèrent cette nouvelle croisade qui devait donner le trône de Constantinople au „Latin" Baudoin de Flandre, un des vassaux du roi de France, les Valaques du Pinde venaient de lever, eux aussi, en leur propre nom, le drapeau de la révolte contre les extorsions de l'administration byzantine et les offenses apportées à leurs chefs. Les frères Pierre, dit Casaque-Blanche d'après le costume traditionnel en peau de mouton des bergers valaques, Asan et Joannice (Ioniță) eurent la direction de ce mouvement, qui finit par briser partout les tentatives de répression faites par les Byzantins. S'ils nommèrent, selon la tradition de toutes les révoltes balcaniques „Empire de Bulgarie“ l’État qui résulta de leur triomphe et qui fut soutenu pnr leur envahissement, ils se sentirent Valaques, portèrent des noms, comme celui de Borilă, successeur de Joannice, qui montrent évidemment leur origine roumaine. Ils entretinrent les relations les plus étroites avec les autres Roumains, de la rive gauche, qui formaient une brillante cavalerie légère et qui étaient appelés Coumans à cause de la domination touranienne qui pesait sur leur race. Le chroniqueur français de la nouvelle conquête en Orient, Geoffroy de Villehardouin, plus tard lui-même un des grands seigneurs de la Grèce partagée entre les vainqueurs, parle fréquemment dans son ouvrage fameux des conflits qui eurent lieu entre les croisés, représentants de la confession occidentale et de l’esprit féodal, et entre ces „rois de Bulgarie“, ces „empereurs“ de la révolte, qui entendaient représenter l’orthodoxie inébranlable de l’Orient et les traditions impérialistes de la nouvelle Rome. Villehardouin ne se trompe jamais en ce qui concerne le caractère national réel des éléments que les chevaliers trouvèrent devant eux dans les plaines de la Thrace aussi bien que dans le voisinage macédonien de Salonique. Il reconnaît, de même que son continuateur Henri de Valenciennes, le Bulgare, le „Bougre“, qui n’est pas le soldat caractéristique de cette armée des Asénides, le „Couman“ de la rive gauche du Danube, toujours à cheval, faisant flotter dans les batailles les flammes vertes de sa lance, et le „Blaque“ balcanique, le Valaque du Pinde, auteur de la révolte et défenseur de la nouvelle couronne. On n'a qu'à feuilleter, du reste, le contemporain de Villehardouin, le clerc allemand Ansbert, qui décrit l'expédition de Frédéric Barberousse, antérieure de quelques années, pour se convaincre que le „Valaque“ était un type ethnique tellement bien caractérisé qu'il s'imposait à l'attention de tous ceux qui venaient en relations avec ce monde balcanique troublé par une nouvelle et grande crise. Villehardouin nomme même le nouvel État : „Royaume de Blaquie et de Bougrie“, ce qui montre qu'il se rendait bien compte du caractère double de cet empire dans lequel le Bulgare représentait la tradition politique et la classe urbaine, alors que tout ce qui était pâtre et guerrier de profession appartenait à la race roumaine des „Blaques“.

Moins d'un demi-siècle après la fondation, en 1204, de cet éphémère Empire latin de Constantinople et alors que ses derniers princes menaient une existence humble; et toujours menacée, devant l'offensive triomphante des despotes grecs de l'Épire et des émigrés de l'Asie, des prétendants, ornés du titre impérial, qui résidaient à Nicée, le grand flot de l'invasion tatare s'étendit sur les plaines de l'Europe orientale et, dépassant les Carpathes, refoula le roi de la Hongrie vaincue jusqu'aux rives de la Mer Adriatique pour se retirer ensuite et former de la steppe russe et des régions danubiennes le lit normal de sa domination. Les Tatars étaient considérés par les représentants de l'idée de la croisade comme des alliés possibles contre les Sarrasins et les Turcomans, profanateurs du Saint Sépulcre et dominateurs des Lieux Saints. Pendant des dizaines d'années on se leurra en Occident de l'idée que le Khan doudrait devenir le fidèle auxiliaire d'une nouvelle croisade et que cette alliance pourrait même être scellée par la conversion au christianisme du redouté empereur mongol. Les agents actifs de propagande et les fidèles soldats de l'Église romaine qui étaient, à cette époque, les Dominicains et les Franciscains, chargés spécialement de convertir l'Orient à la foi catholique, obtinrent plus d'une fois une délégation qui devait les mettre en contact avec les Tatars susceptibles d'abandonner leur erreur religieuse. Parmi ces moines mendiants et vagabonds, animés d'un zèle nouveau, la race latine, et surtout la nation française, avait ses représentants. C'est pourquoi des données, sinon sur les Roumains eux-mêmes, du moins sur le pays qu'ils habitaient et sur le complexe de nations dont ils faisaient partie sous le rapport politique, se trouvent dans les récits naïfs d'un Nicolas Ascelin, d'un Jean du Plan-Carpin, Dominicains, d'un Rubruquis (de fait, un Flamand d'origine: Ruysbroeck). Ce dernier parle de ia „Valachie d'Asan", dans le nom de laquelle on a cru retrouver une conscience politique roumaine sur la rive gauche du Danube, alors qu'il s'agit seulement, ainsi que le prouve la mention de Salonique (le Soloun des Slaves) dans le voisinage, de cette grande Thessalie qui était le réservoir balcanique d'où essaimaient les Valaques.

Pour la première fois le nom même de l'État valaque, fondé, ainsi que nous l'avons dit, au commencement du XIV-e siècle, par la réunion des formations politiques, d'origine populaire, qui se trouvaient disséminées sur le pays de la Valachie actuelle, se retrouve dans les pages de ce fervent propagateur de la croisade, de ce chevalier picard mêlé, dès sa première jeunesse, aux affaires de l'Orient, de ce chancelier de Chypre ayant la connaissance personnelle de la Syrie et de l'Égypte qui fut Philippe de Mézières. Au couvent des Célestins de Paris il exposait dans des ouvrages destinés à ranimer l'esprit d'offensive chrétienne dans l'Occident déchiré par les discordes, le devoir de vaincre les païens et de délivrer les Lieux Saints. Il n'oubliait aucun peuple, aucun État qui aurait été capable de soutenir la nouvelle croisade, et c'est pourquoi il mentionne à deux reprises, dans son „Songe du vieil pèlerin" et dans sa „Chevalerie de la Passion", écrite à l'époque de la catastrophe des chrétiens à Nicopolis (1396), la „double Abblaquie", ce qui prouve qu'il connaissait aussi bien l'existence de la principauté valaque que celle de la nouvelle forme politique moldave, au Nord du territoire roumain sur la rive gauche du Danube. Il avait même appris le nom du second des „grands princes" valaques d'Argeș, de cet Alexandre Basarab qui sut maintenir contre la Hongrie l'indépendance acquise par un grand effort militaire sous le règne de son père Basarab, en 1830. Les manuscrits de Mézières le nomment Alexandre de „Balgerat", mais il ne faut voir dans cette forme bizarre qu'une transcription erronée que tout connaisseur de la paléographie du XIV-e siècle s'explique facilement : Basserab : =Balgerat.

CHAPITRE II

Français sur le Danube roumain pendant les croisades du XV-e siècle

D'ailleurs des chevaliers français connurent la terre de cette Valachie à l'occasion de la bataille perdue de Nicopolis. Auteurs de la défaite par leur impatience de combattre, par leur insatiable ardeur de repousser les Infidèles, ces chevaliers avaient refusé de permettre aux troupes, expérimentées dans cette guerre spéciale, de Mircea. prince de Valachie, de donner le premier coup à l'armée de hardis spahis et de janissaires inébranlables qui se trouvait, sous les ordres de Bajazet I-er, devant l'armée chrétienne combinée. Mircea obéit et assista, témoin attristé, à une défaite qu'il n'avait pu empêcher. Alors que le chef suprême, Sigismond, roi de Hongrie, à demi Français lui-même par son origine luxembourgeoise, — ses prédécesseurs Charles-Robert et Louis-le-Grand, contre lesquels la Valachie obtint son indépendance, étaient des Angevins de Naples, des Français de pure race et de système français dans leur administration en Hongrie —, s'enfuyait sur une barque vers les bouches du Danube pour revenir par Constantinople et la Dalmatie dans sa capitale, des chevaliers français se réfugièrent sur le rive gauche du Danube, où ils trouvèrent devant eux des paysans auxquels la croisade ne disait rien que la possibilité d'un gain recueilli sur les vaincus, quels qu'ils fussent. Froissart reproduit les récits concernant la rencontre désagréable avec ces pillards rustiques, qui allèrent cacher dans leurs chaumières les vêtements luxueux des chevaliers de l'époque de Charles VI.

Et cependant ces chevaliers de la croisade devaient revenir. Lorsque Philippe, duc de Bourgogne, désireux de se signaler dans la grande lutte pour le Christ, cherchait à nouer des relations avec les princes chrétiens de l'Orient, qui devaient le soutenir dans ses entreprises, il envoya du côté de la Lithuanie, vers le duc Witold, qui ambitionnait la couronne royale, son ambassadeur Guillebert de Lannoy, qui s'arrêta à Kamieniec-Podolski, sur le Dniester, dans le voisinage immédiat des provinces du prince moldave Alexandre-le Bon. Il assista à des repas solennels dans la compagnie d'ambassadeurs de pays lointains et de princes tatars vassaux. Accompagné d'une escorte de seize personnes, composée en partie de Roumains, Guillebert passa le fleuve, de Kameniec à Hotin, forteresse moldave, muni de lettres rédigées en latin et en „tatar". La recontre de l'envoyé bourguignon avec le prince Alexandre, qui régna pendant plus de trente ans sur la Moldavie, dont il paracheva l'organisation militaire et politique, eut lieu dans le bourg de „Cozial“, dont le nom ne signifie que celui de l'ancienne capitale du pays, Suceava, en slave Socav (les caractères slavons donnent facilement cette équivalence Socav-Cozial). Une nouvelle escorte et de nouvelles lettres de sauf-conduit lui furent accordées pour pouvoir se diriger vers les pays du Sultan turc, troublés par la mort de Mohammed I-er. Il dut changer d'itinéraire. Après avoir traversé des lieux déserts dans cette contrée encore mal colonisée par le nouvel État moldave, il arriva au principal port du pays, sur la Mer Noire, le Moncastro des Génois, la Cetatea-Albă des Roumains, qui était pour les Tatars et devait être plus tard pour les Turcs, ses conquérants, Akkerman. Il y trouva des Génois, des Valaques et des Arméniens, des „Hermins“, qui faisaient le commerce avec le Levant. L'arrivée de Guillebert eut lieu à l'époque où des ouvriers par milliers, fournis par Witold, s'occupaient à relever les anciens murs dûs aux dominateurs génois et à mettre ce grand port, qui était aussi un débouché pour les provinces russes de Lithuanie, en état de résister à une éventuelle attaque des Turcs. Il faut mentionner aussi qu'avant d'arriver à Cetatea-Albă, notre voyageur tomba entre les mains d'hardis „robeurs“, qui se rendirent maîtres de sa personne et de son avoir. La notion de l'ordre public existait cependant dans cette Moldavie du commencement du XV-e siècle, car les coupables furent aussitôt saisis et livrés à la victime, laissé libre d'en disposer selon son bon plaisir ; au lieu de les faire pendre, il se borna à recouvrir son argent et les laissa libres de pratiquer leur métier au dépens d'un autre voyageur.

Un peu plus de vingt ans après le voyage de Guillebert de Lannoy, on recontre les vaisseaux armés pour le Pape et pour le duc de Bourgogne, qui devaient servir, après la victoire qu'on attendait de l'armée hongroise commandée par le Roumain Jean de Hunyad, capitaine du royaume contre les Turcs, à mener ces troupes victorieuses à Constantinople même et à raffermir l'Empire menacé de Byzance. Ces galères, fournies par Venise, entrèrent en 1445 par les bouches du Danube, espérant une collaboration vengeresse de la part de Hunyadi, qui, avait échappé au désastre de Varna (1444).

Le commandant de ces vaisseaux était Valerand de Wavrin, un Bourguignon, qui, revenu dans son pays, raconta les exploits aucomplis dans son aventure danubienne à son oncle, Jean, auteur des „Enchiennes chroniques" dont le naïf patois picard fait encore les délices des lecteurs.

Une cinquantaine de pages de ce récit pittoresque sont consacrées à cette campagne de 1445, et à chaque moment il est question, quand il s'agit d'auxiliaires, des Roumains de Valachie, dont le chef était à ce moment le prince Vlad Dracul. Il est question aussi de son fils, „le fils de Valachie", de son précepteur, un vieux guerrier qui parlait assez bien le français pour raconter aux croisés la manière dont s'était passée, cinquante ans auparavant, sous ses yeux, la grande bataille de Nicopolis. L'armée valaque est décrite comme une troupe hardie et bruyante, remplissant l'air de ses cris de guerre, surtout au moment où les grandes bombardes des croisés lançaient contre les murs des châteaux turcs du Danube, avec une certaine précision, leurs lourds boulets de pierre. Ils s'essayaient eux-mêmes à cette artillerie peu connue, et il arriva que l'explosion d'une bombarde trop chargée transforma la joie de ces rudes soldats en désolation. Wavrin racontait volontiers à son parent ce qui advint sous les murs de Giurgiu, qui est pour lui „la Géorgie", et il n'oublie pas de mentionner que le château, décrit dans tous ses détails, était dû au grand prince Mircea. Son successeur lui avait parlé des nombreux blocs de sel vendus en Turquie et dont le produit avait fourni les dépenses de la constructton. Espérant regagner cet héritage paternel occupé par les Turcs, il assurait que, dans ce cas, les femmes de son pays seraient capables de conquérir, leurs fuseaux à la main, l'Empire ottoman.

Le Danube est traversé par de simple bateaux roumains que le chroniqueur appelle des „manocques".

Après avoir pénétré jusqu'à l'embouchure de l'Olt, au „Petit-Nicopolis" (qui est la ville actuelle de Turnu) et après avoir attendu l'arrivée, longtemps ajournée jusqu'à un moment tout-à-fait défavorable pour les opérations, de Hunyadi, les croisés revinrent par le Danube, en touchant à ce port de „Brilago", qui, visité dès le XIV-e siècle par des vaisseaux de l'Orient, notamment de Trébizonde, était le principal débouché commercial de la Valachie : Brăila, et à celui de „Lycocosme", qui est Lycostomo (la Bouche du-loup), le château insulaire de Chilia, dans le delta du Danube.

On était déjà arrivé à l'époque marquant la fin des croisades françaises. Si la Moldavie combat encore pour la Croix, son grand prince Étienne (1457-1504) méritant, dans la deuxième moitié du XV-e siècle, d'être nommé parle Pape Sixte IV „athlète de la chrétienté", l'attention de la France sera désormais dirigée vers le grand problème intérieur de l'organisation moderne. Tous ses efforts seront dépensés pour fonder la monarchie absolue aux dépens de la noblesse féodale, des derniers représentants des grandes Maisons apparentées à la dynastie royale. Étienne-le-Grand eut, afin de se gagner des alliés contre les Turcs, de nombreuses relations avec la Papauté, avec les villes commerçantes de l'Italie, Venise surtout, mais aussi avec Florence et, sans doute, avec Gênes, avec les princes italiens, - quoique sa correspondance avec le roi de Naples n'ait pas été conservée,—sans parler de ses voisins catholiques, les rois de Hongrie (Mathias, fils du Roumain Jean de Hunyad) et de Pologne. Mais, bien qu'à la même époque des aventuriers, comme Antoine Marini de Grenoble, ministre du roi de Bohême Georges Podiebrad, sollicitent de Louis XI, qui professait une adhérence spéciale à l'idée de la croisade, son concours pour une grande œuvre commune contre les Turcs, jamais un envoyé de Moldavie ne se présenta devant ce roi à la figure toute nouvelle, n'ayant rien de l'enthousiasme de ses prédécesseurs, pour demander un faible secours en faveur de la Moldavie prête à succomber. Et, si, plus tard, François I-er fut, de même que son contemporain allemand, le roi Maximilien, et le Pape Léon, auteur d'un projet de croisade, ce projet n'eut pas de suite, et l'ennemi de la Maison d'Autriche, l'aspirant à la Couronne impériale, le défenseur de la frontière du Rhin contre les appétits allemands, avait bien autre chose à faire que s'opposer aux progrès de ce Soliman-le-Magnifique qui devait être son allié permanent contre Charles Quint.

Ce XVI-e siècle allait amener cependent d'autres relations entre la France et les pays du Danube, les premières relations politiques dans lesquelles le puissant État atteint, à un certain moment de son action, les intérêts d'un autre, beaucoup plus faible, capable de servir cependant ses intérêts largement déployés à travers l'Europe entière.

CHAPITRE II

Négociateurs et voyageurs français au XVI-e siècle. Premiers prétendants roumains en France

„La France en Orient" avait fini par la catastrophe de Nicopolis ou, si l'on veut, par l'insuccès de cette campagne du Danube que nous avons esquissée dernièrement. La France des diplomates, engeance nouvelle, en quête d'alliances, pénètre dans ce même Orient européen au commencement du XVI-e siècle par ses agents permanents à Venise, par ses émissaires à Constantinople et par les ambassadeurs extraordinaires qui viennent s'aboucher en Transylvanie avec les princes magyars de cette province, prétendants à cette couronne de Hongrie confisquée par les Habsbourg, pour les amener à combattre ensemble l'impérialisme envahissant de la Maison d'Autriche.

A cette époque, où un Rincon apparaissait à la petite Cour hongroise des Carpathes, comme messager d'alliance, la Moldavie, qui était devenue la principauté roumaine dirigeante, se trouvait sous le sceptre d'un personnage particulièrement entreprenant et vivace, Pierre, dit Rareș, fils du grand Étienne. Il entretenait des relations avec tous ses voisins chrétiens, rêvant de pouvoir gagner au milieu de leurs discordes cette Transylvanie même, où il avait des apanages étendus et qui était habitée en grande partie par des paysans de sa race roumaine, prêts à le recevoir comme un libérateur. Il fut tour à tour l'ennemi acharné et l'ami passager des rois de Pologne, du „Voévode Jean", — le roi de Hongrie de la familie des Zápolya —, de Ferdinand d'Autriche. Mais il n'entretint pas de relations directes avec la France, dont les agents suivirent cependant avec un intérêt marqué les progrès et les vicissitudes de ce „Petro Bogdan" (Bogdan signifie en turc:

Moldave), de ce „Bogdan de la Moldavie“, „Vayvoda“ ou même „roi“ de ce pays éloigné. Le „roy de Valachie“, souvent unesimple créature et un instrument docile de ce voisin plus puissant, attirait beaucoup moins l'attention.

Les rapports des représentants de la France à Constantinople mentionnent quelquefois des faits touchant l'histoire des Principautés qui se passèrent sous les yeux de ces agents. Ils virent pendant la première moitié de ce XVI-e siècle des cortèges de Voévodes nouvellement créés par leur „empereur“, le Sultan, des pauvres princes déposés revenant à Constantinople pour y être dûment dépouillés, rançonnés et punis de leur prospérité passée, des révoltés suppliciés pour avoir eu des visées sur le trône de vassalité d'une principauté ou de l'autre. Ils témoignent ci et là leur pitié pour ces victimes d'une folle ambition ou du droit le plus authentique. „Voilà“, écrit un de ces agents en 1558, „la foy qu'on voit en ces Turqs quand on est pour leur intérêt“. Et, une autre fois, sur les mêmes Turcs, couverts du sang d'une nouvelle exécution politique: „C'est une nation que l'on ne sçauroit assez hayr et blasmer, tant pour son infidellité et différence de sa religion à la notre, que pour estre coustumière de faire tousjours de semblables ou plus meschans actes“.

Quelque temps après, un hasard rapprocha la France de ce pays du Danube. La dynastie des Piastes vint à s'éteindre en Pologne. Son héritage était réclamé par ce même impérialisme autrichien, en train de s'annexer par des infiltrations dynastiques, comme en Hongrie, l'Orient chrétien entier ou au moins les pays catholiques, non sans la connivence du Saint-Siège. Catherine de Médicis voulut empêcher cette nouvelle extension de la domination des Habsbourg. A l'archiduc elle opposa l'héritier même du trône français, son fils Henri, qui devait être à Paris Henri III. Et, pour gagner les électeurs polonais, elle fit miroiter devant leurs yeux l'appât d'une réunion de la Moldavie—on disait en Pologne : la Valachie — avec la couronne royale.

Dès le mois de septembre 1572, le roi Charles IX s'engageait par une lettre à l'évêque de Valence, son agent, à „remettre la Valachie sous la domination dudit royaume, ainsi qu'elle étoit anciennement, soit qu'il la faille réduire par amiable composition ou par la force“, la Pologne gagnant au moins le droit d'y nommer les princes, les „Palatins“, obligés cependant à payer aux Turcs le tribut traditionnel. L'évêque alla plus loin: il assurait, dans un discours solennel, fait le 10 avril de l'année suivante, à la noblesse polonaise, que le futur roi est trop fier pour se reconnaître le vassal du Sultan et lui envoyer les sequins de la Moldavie acquise à son royaume. On comprend bien que les Turcs ne pouvaient pas trouver du goût à la chose ; ils ne tergiversèrent même pas, selon leur coutume, s'en tenant au plus revêche des refus, anx „négations perpétuelles“ que constate avec regret l'agent royal à Constantinople. Cependant Henri de France fut élu, et, parmi les soldats qui l'accompagnaient dans sa fastueuse entrée, il y en avait qui étaient vêtus et armés „à la valache“.

Ces relations nouvelles amenèrent une immixtion dans les affaires de cette Moldavie pour laquelle les prétendants ne manquaient jamais. On s'avisa de soutenir ce personnage remuant que fut jusqu'au bout le Polonais Albert Laski, dont les aventures interminables se passèrent à Paris aussi. Lorsqu'on essaya de soutenir ses prétentions dénuées de tout fondement, on se heurta cependant à l'opposition du pays : „ladicte Moldavie“, écrit l'agent trançais, „n'en veult point qui ne soit du pays“. Et on s'arrêta là-dessus devant cette invicible résistance de l'instinct national.

Parmi ceux qui figurèrent un moment à la suite de Laski se trouvait un jeune Roumain aux longs cheveux noirs, à l'allure avenante, doué d'un grand talent de langues, capable de s'exprimer dans l'italien le plus pur de cette époque où le style des concetti régnait a la Cour de France, et d'élever même son talent jusqu'à écrire des hymnes de haute envergure sur la divinité: il s'appelait Pierre, Pierre Démètre, et prétendait être le fils de ce prince Pătrașcu, „Petrasque" pour les Français, qui avait été soutenu jadis dans ses malheurs par l'ambassadeur de France en Orient, d'Aramont, et par conséquent l'„héritier de la Grande Valachie". Il savait raconter d'une manière particulièrement intéressante ses malheurs et donner un colorit de sincérité à la réclamation de ses droits naturels. Pauvre enfant sans soutien, ôtage de son père, puis orphelin abandonné aux Turcs, il „avoit été envoyé par certains Pachas en Syrie et en Arabie, et même dans plusieurs forteresses et châteaux d'Asie, toujours sous une forte garde, affligé et peiné pendant bien quatorze ans"; il venait de Damas pour „se jeter aux pieds de cette couronne très chrétienne", soutien naturel de tous les déshérités et appui des légitimités en quête de secours. L'intervention de l'ambassadeur royal à Constantinople suffirait pour le faire triompher de ses ennemis et renverser le prince Mihnea, usurpateur de son héritage.

Cette sienne requête date de l'année 1579. Ce ne fut cependant qu'en 1582 qu'il se dirigea vers Constantinople, par Lyon, d'où il écrivait, en février, à Madame de Germigny, dame de Germolles, épouse de l'ambassadeur qui devait faire valoir ses droits devant le tribunal éminemment corruptible du Grand-Seigneur. Un an plus tard, Germigny, qui avait reçu à Constantinople son client, dûment recommandé à Venise par le secrétaire français Berthier, assurait que „l'affaire de mon prince se va toujours pollissant“, jusqu'à pouvoir fixer comme terme du „rétablissement“ le mois de mai prochain. Il avait déjà essuyé cependant bien des retards, sous différents prétextes : de fêtes musulmanes, de présents et de tributs à recevoir, etc., et malgré les interventions auprès de la Sultane-épouse, qui désirait des fards et des chiens couchants de France, auprès de l'„oncle“ du Sultan et des dignitaires qui avaient été convaincus dans la question difficile de l'„héritage légitime“ de la Valachie. On avait fini par perdre l'espoir de vaincre la résistance, munie de cadeaux importants faits à la Porte, de l'„usurpateur“, lorsqu'enfin une nouvelle poussée arriva à éloigner l'obstacle.

Pierre, prince de Valachie, fit une sortie comme celle des anciens empereurs byzantins, semant l'or sur son passage à travers la multitude ébahie et charmée par sa belle prestance, et il s'installait, avec des amis français, à Bucarest et à Târgoviște, faisant fondre des canons, préparer une petite armée et élever des palais dont le goût français fit l'admiration de Bongars, le savant éditeur des „Gesta Dei per Francos“. En février 1584, Germigny se déclarait enchanté de „nostre prince“, qui lui „avoit envoyé pour ses estreines son portraict avec deux timbres de zebelline“.

L'affaire finit mal cependant. Ce prince aux grands airs et aux habitudes depensières, ce coquet personnage ami des étrangers déplut. Des plaintes furent dirigées à la Porte, et Mihnea sut bien en tirer parti. Un ordre de destitution ne put être empêché par cette ambassade de France toujours en mal d'argent. Or Pierre, qu'on avait affublé du sobriquet de *Cercel*, „boucle d'oreilles“, à cause de cet ornement de sa personne, dans la manière des *mignons* de Henri III, préféra s'enfuir en Transylvanie, où il fut dépouillé et retenu dans une prison d'État, pendant deux ou trois ans. S'étant échappé du château de Munkács, il n'osa plus se présenter à la Cour de son ancien protecteur, et, du reste, il avait été nettement déconseillé de s'y rendre. Il parut à Venise pour y répandre une fois de plus la renommée de sa beauté, de son luxe et de ses aventures. On l'admira et on l'invita à s'en aller le plus tôt possible. S'étant rendu à Constantinople, les derniers efforts d'un homme sans argent, sans parti, sans appui diplomatique ne furent qu'une douloureuse convulsion. Les Turcs finirent par s'en défaire en faisant couler la barque qui l'emportait pour un exil lointain (1589).

Et cependant l'exemple de ce bref triomphe trouva des imitateurs, qui devaient être moins heureux, mais aussi moins malheureux que lui. Déjà en 1554 le prince de Moldavie Alexandre Lăpuşneanu, gendre de Pierre Rareş et le „tyran" dont parlent les rapports français de Constantinople, mentionnait devant les ambassadeurs de Transylvanie le roi de France auprès de ceux d'Angleterre et de Pologne, qui, tous, „bien qu'étant très puissants, payent le tribut au Sultan et exécutent ses ordres, de même que la Moldavie et la Valachie" et, plus tard, il recommandait ses fils, si leur héritage leur était ravi, au roi de France aussi bien qu'à ceux d'Angleterre et de Pologne et au doge de Venise.

Ce fut encore un héritier de Moldavie, mais d'une autre branche, remontant aussi à Étienne-le-Grand, qui se présenta à Paris en 1588, avec des lettres du Pape : un certain Jean Bogdan, Janus pour le Saint-Siège, et qui, pour sa part, signait en lettres grecques : Élie (Ilieş). Henri III le créa chevalier de l'ordre de Saint-Michel et lui adjoignit pour le voyage de Constantinople un secrétaire, Harlay de Sancy, conseiller d'État. On vit ce vieillard traverser l'Italie pour s'embarquer à Venise; son compagnon, désigné par le roi, n'était pas Sancy, mais bien un personnage de moindre importance, Joaquin Balue; Sancy ne se hâta pas d'accourir. L'ambassadeur de la France à Constantinople n'accueillit pas avec une sympathie marquée ce protégé d'un roi qui venait de mourir.

Alors Jean Bogdan revint en Occident: on le retrouve en Angleterre d'abord, puis à la Cour de Henri III, et enfin à Genève, en 1591, implorant encore une fois l'appui du seul prince qui pouvait lui donner le trône de ses ancêtres par une simple intervention de son ambassadeur, Lafin ou de Brèves, auprès du Sultan et de ses conseillers; son fils était resté en France, „à sa maison". Mais toutes ses requêtes et celles de ce fils ne servirent à rien; après un long séjour de mendiant à Venise et après des pérégrinations à travers l'Europe entière, quêtant pour un voyage à Constantinople toujours ajourné, le pauvre prince „dejecté" dut finir ses jours dans quelque auberge obscure.

Il faut mentionner enfin ce vieux soldat, Étienne, soi-disant fils du prince de Moldavie Étienne Tomşa, qui servit le roi de France dans les Pyrénées, au siège de Jaca, vers 1590.

Mais le temps était venu où, de nouveau, des Français allaient chercher, pour leur intérêt ou celui d'une cause supérieure ces

ces pays du Danube, où on parlait de la France comme d'un grand pays très éloigné, mais dont la force avait été jadis respectée à Constantinople, capitale de l'Empire qui prétendait nous englober (1).

Des voyageurs français, amenés par le hasard ou attirés par la curiosité d'une route nouvelle vers l'Orient, traversaient les Principautés roumaines au moment où les mendiants princiers désireux de „revendiquer leur héritage" s'arrêtaient à la Cour de France pour y trouver un appui. Certains parmi ces voyageurs nous ont laissé des récits qui ont une haute importance pour connaître l'aspect des pays roumains du Danube dans la seconde moitié du XVI-e siècle.

Le premier dont nous ayons des notes n'est autre que Bongars, déjà mentionné dernièrement. Il visita la Valachie en 1585, après avoir fait une ample récolte d'inscriptions latines en Transylvanie. Muni de lettres de la part de Sigismond Báthory, prince de ce pays, et de certains notables saxons, il

(1) Pour la première période les sources se trouvent dans Hurmuzaki, Supplément 1, volume I.

Pour Pierre Cercel, voy. nos „Actes et fragments", I, et les lettres de ce prince et les rapports de Germigny, dans le volume XI de la collection Hurmuzaki. De même pour Jean Bogdan. Voir aussi notre mémoire sur les prétendants, dans le volume XIX des Mémoires de l'Académie Roumaine.

avait trouvé un compagnon de route dans un des officiers du prince Mihnea, Guillaume Walther, „chambrier et thrésorier“.

Par Braşov-Kronstadt, „Brassovie“, ville de frontière, toute pleine de Roumains d'outremonts, qui y accouraient aux „marchés“ de vendredi et de samedi, l'érudit français arrive au défilé de Bran (Törzburg pour les Allemands, le Törcsvár des Hongrois), où „les coches descendent avec des cordages“. Il atteint l'ancien château attribué par le peuple au fondateur fabuleux de la principauté, Negru-Vodă, et s'arrête à Târgovişte, ancienne capitale du pays, où il remarque la résidence bâtie, auprès de l'église de la Cour, par le protégé du roi de France, Pierre Cercel: „chasteau petit, mais beau et magnifique“ ; on lui parle aussi des conduites d'eau qu'il a établies et des canons qu'il a fait fondre (un fragment, très beau, se conserve au Musée de Bucarest). Le lendemain, Bucarest lui offrira un abri. Bongars présente ses lettres au prince, âgé d'„environ vingt-cinq ans“, et Mihnea lui demande „si le voulions servir, si nous n'avions point de presens“; la Cour fournit l'entretien des étrangers, dont les papiers sont examinés par les marchands de Raguse et les Pères Franciscains; du reste, dans Barthélemy Bertrandy, de Marseille, le voyageur a trouvé un co-national.

Avec un passeport en slavon et sous la

garde d'un „Portar" (portier), il s'en ira trouver à Giurgiu, sur le Danube, les chariots qui portaient à Constantinople le tribut, les „carres dominesques" C'est dans leur train qu'il fera son chemin vers cette Byzance qui l'attirait par ses souvenirs et ses monuments romains.

Bongars mentionne, outre les richesses naturelles du pays, les paysages de hautes montagnes qu'il a traversés et cette vaste plaine qui entourait les capitales. Il a cru découvrir, au passage, un „peuple barbare et lourd, sujet aux vengeances des grands", qui „s'enfuyt à la veue de deux ou troy personnes". Outre ce qui avait attiré son attention à Târgoviște, il cite quelques belles églises et quelques solides couvents, sans oublier le château princier de Bucarest.

La Moldavie fut visitée presque au même moment par autre Français, qui n'avait cure d'inscriptions romaines, voyageant sans occupation pour son propre plaisir. François de Pavie, seigneur de Fourquevaulx, fils d'un ambassadeur en Espagne et lui-même officier du grand-prieur de France, venait des „terres du Turc", ayant traversé la Syrie et l'Égypte. Ce qui le décida de s'en retourner, avec ses compagnons, Bioncourt et Montalais, ainsi qu'avec un Italien de Rimini, par ces contrées, fut seulement „l'envie de voir choses plus lointaines". Et il ressent un plaisir particulier à les décrire.

Aux embouchures du Danube, il assiste a la pêche de l'esturgeon, tellement rémunératrice qu'on pouvait avoir la pièce pour deux sous de France. De son embarcation, il voit passer sur le rivage les chariots des Tatars errants de la Bessarabie méridionale, du Boudschac, portant, outre tous les éléments d'un ménage primitif, des „moulins à vent pour faire leur farine". L'île des Serpents, qu'on dépasse pour aller à Moncastro, la Cetatea-Albă des Moldaves, l'Akkerman des Turcs, principal port du pays avant son occupation par les janissaires de Bajazet II, lui rapelle les récits d'Arrien. Il faut descendre à ce port de Moncastro, but des deux galiotes qui portaient le nouveau gouverneur de la ville. Par les terres du prince de Moldavie, qui était alors Pierre-le-Boiteux, oncle paternel de Mihnea le Valaque, on se rendra en Pologne.

Le vieux port du Dniester, de fondation byzantine et génoise, est largement décrit, avec ses tours, sa „double muraille" et ses fossés, ainsi qu'avec ses grands faubourgs aux maisons de bois. Sur une charrette à bœufs, véhicule classique du pays dès l'époque des Gètes d'Alexandre-le-Grand et des Scythes de Darius, les voyageurs se dirigeut vers la frontière qui sépare la province administrée directement par les Turcs de la Moldavie, vassale, mais autonome. Des troupeaux de bœufs, de moutons et de chèvres, de nombreux chevaux paissent l'herbe puissante des prairies de la steppe. On craint des surprises de nuit de la part des bandits, des „outlaws“ de cette steppe, les Cosaques, ramassis d'exilés et de chercheurs d'aventure appartenant à toutes les nations voisines; les grands feux qu'on allume pourraient les avertir, mais il faut bien se garantir du froid; cependant on se réveille le matin „percez jusqu'à la chemise des rosées et du serein“, et Montallais est „malade à mourir“. Fourquevaulx s'en console en chassant les oiseaux des nombreaux lacs de ce territoire de Bessarabie, et il prétend avoir même recueilli un rare gibier de sangliers et d'ours. Les lazzis du serviteur italien qui accompagne le voyageur de Rimini sont une distraction moins dangereuse. Des herbes sauvages ayant le goût de l'ail servent a restaurer l'estomac.

Le pays est presque désert: „peu d'hommes, miserables et poures, vestus de quelques peaux de mouton, les pieds enveloppés dans des peaux ou de la mousse et escorse d'arbres, attachée et fagotée au dessus et dessoubs avec une corde“, — les anciennes sandales rustiques des Daces de la Colonne de Trajan, qui se conservent encore dans l'usage du peuple. Ils accourent demander aux étrangers du vin pour leurs malades.

Cependant, après des journées de froid et de fatigue, on arrive à Jassy, capitale de cette principauté si riche, dans le Nord même de cette Bessarabie et dans tout le large territoire qui s'étend de la rivière du Pruth aux Carpathes, qu'elle peut valoir un million de thalers par an, dont les Turcs en reçoivent seulement 60.000, plus „cinquante faucons et soixante chevaux". „Ceste petite court est belle", à l'avis de notre baron, qui se présente recommandé par le favori de Pierre, l'Albanais italianisé Barthélemy Bruti, „et faict assez beau voir la grandeur et la majesté que ce duc tient". On le voit sur la grande place devant son simple palais de pierre et de bois, sous une „frescade", entouré de ses boïars, de sa garde hongroise, de trois à quatre cent soudoyers. „le cimeterre au costé et la hache à la main". Comme Saint Louis sous le chêne de Vincennes, trois siècles auparavant, le bon chef patriarcal d'un peuple doux et confiant „escoutoit les plainctes indifferamment de tous les venants, lesquels, à cent pas de luy, à genoulx, faizoint à haute voix l'un après l'autre leurs doleances, et il les en renvoyoit avec la sentence quy lui sembloit la plus juste".

Fourquevaulx se fait conduire dans les faubourgs de Jassy, où il rencontre des paysannes roumaines „blanches et blondes“ auprès des Bohémiennes, esclaves du prince, des couvents et des boïars, qui avaient emprunté aux premières leur coiffure traditionnelle, la „grande roue ſaicte de bandes de toile estroites de deux doigts, pliées l'une sur l'autre, à la façon que les marchands roulent leurs rubants“.

En route vers Hotin, sur le Dniester, ville-frontière de la Moldavie, avec un château de ce XVI-e siècle, dont on voit encore les splendides ruines, le voyageur rencontre de ces paysannes, sur leurs petits chariots, „belles extrêmement, et sans art, une guirlande de fleurs sur la teste, pour montrer qu'elles sont encore à marier“; elles vendent du lait, des cailles, „qu'elles appeloient en leur langue perpelissa“, des œufs. „Ce peuple“, reconnaît Fourquevaulx, „autres fois a esté colonie des Romains et en retient encore quelque chose de la langue“.

CAPITRE III

Mercenaires, voyageurs et missionnaires au XVII-e siècle

Si un Moldave, qui fut plus tard, par droit d'„héritage“ encore, prince de son pays, Étienne Tomşa, combattit pour Henri IV dans les Pyrénées, il trouva devant lui, pendant son règne, comme défenseurs des prétentions de cette dynastie des Movilă qu'il avait remplacée, des aventuriers de France, combattant pour le gain et le plaisir, dans ces contrées décrites par Fourquevaulx. Et le récit de ces exploits de guerre, fait, oralement, par le gentilhomme lorrain Charles de Joppecourt, fut publié par un autre Français, Baret, à Paris, en 1619 („Histoire sommaire des choses plus memorables advenues aux derniers troubles de Moldavie").

Dans une introduction, l'aventurier lorrain présente les „grasses campagnes de la Moldavie, arrousées de belles fontaines et ruisseaux", „les coustaux fort agréables et si abondans en vins que non seulement la Moldavie en est suffisamment fournie, mais encore on en transporte en Podolie et autres pays, dont les troubles présents sont dûs à l'avidité des Turcs, aux avares Bachats" et au „dragon insatiable". Joppecourt prit part, bien entendu, à la plupart des combats entre les deux partis, qu'il raconte, en commençant par l'année 1607. Il n'était pas seul : la veuve du prince Jérémie Movilă, le protégé des Polonais, avait engagé pour soutenir les droits de son jeune fils Alexandre un capitaine de routiers français, Montespin, qui commandait „soixante cavaliers françois, armés de toutes pièces": ils figurèrent en 1615 à l'occasion de l'entrée solennelle à Jassy du jeune prétendant, et à savoir aussitôt après les beaux-frères polonais d'Alexandre. Le prince en fit sa garde, et elle l'accompagnait lorsque, peu de temps après, il sortit de la ville pour recevoir un convoi de prisonniers, paysans révoltés de Bessarabie, d'Orheiu, menés par les troupes de Wiszniewiecki, ou des beaux-frères susdits, „comme une troupe de moutons". Les Français passèrent l'hiver à Jassy, où, „nonobstant les guerres et les dégats faits par les armées, on avoit un bœuf pour quinze sols et un bon mouton pour deux sols". Lorsqu'Alexandre fut contraint de se retirer à Hotin, la „compagnie française" était dans sa suite; dans une reconnaissance sur le Pruth, à Ştefăneşti, ces soldats d'élite furent cependant surpris par les Tatars et, bien qu'ils „avoient accoustumes d'estre tousjours vainqueurs", cinq seuls en échappèrent. Mais Tomşa se hâta de racheter le capitaine, qu'il fit entrer à son service. C'est pourquoi Joppecourt est en mesure de raconter aussi les actes suivants de ce drame militaire qui finit par la victoire durable de l'influence turque. Le reste, les aventures d'une sœur d'Alexandre, femme du Polonais Korecki, devenue prisonnière des Tatars, est arrangé par Baret pour en faire une longue nouvelle romantique, dans laquelle il mêle les souffrances d'un esclave français à Constantinople, le capitaine Rigaut, qui parvint à se sauver en même temps.

Tel qu'il est, cet opuscule, bien informé et souvent très précis, est le premier livre qu'un Français ait consacré aux vicissitudes des Roumains (1).

Après la catastrophe de Pierre Cercel il n'y aura plus d'ambassadeur français disposé à soutenir les prétentions des princes errants. Et, même si les successeurs de Germigny l'avaient voulu, ils étaient incapables de le faire, étant réduits, par leur perpétuel manque d'argent, à une situation humiliante envers une Cour et des dignitaires qui prisaient chacun d'après les présents qu'il était en état d'offrir.

Une occasion leur fut cependant bientôt fournie pour trouver occupation et profit. Un nouvel essor de la propagande catholique se dirigea vers cette Église orthodoxe de Constantinople, qui, complètement déchue, surchargée de dettes, vexée par les Turcs, ne paraissait plus pouvoir maintenir son indépendance confessionnelle. Alors que les représentants des États de la Hollande employaient tous leurs

(1) Le voyage de Bongars, dans le volume XIV de la collection Hurmuzaki, celui de Fourquevaulx dans nos „Actes et fragments". L'opuscule de Baret a été reproduit dans le tome II du „Tesaur de monumente istorice" publié par A. Papiu Ilarian Bucarest 1863).

efforts à faire entrer le Patriarche œcuménique dans une alliance étroite avec les Réformés, le comte de Césy, ambassadeur de Louis XIV, s'évertuait à dériver vers le catholicisme les eaux stagnantes de cette vieille religion des Grecs.

Au cours de cette politique, on devait rencontrer les princes roumains, qui étaient, de fait, les chefs laïcs de cette grécité. Il était donc bien naturel que l'ambassadeur s'adressât à Alexandre, prince de Valachie, et à son voisin moldave, dans les provinces desquels ils envoyait ses agents en relation avec les communautés catholiques, peu importantes, sauf les villages hongrois de Moldavie, qui s'y trouvaient; et ces Voévodes répondaient par des lettres aimables, en italien de Levant, à leur „amorevolissimo amicho“ de Constantinople. Le cardinal Bandini employait cette seule voie pour faire pénétrer ses agents dans les principautés danubiennes. Lorsque le missionnaire Paul Bonnicio se présenta à Jassy, en 1631, le prince Moïse Movilă s'empressa d'en écrire au même Césy pour lui déclarer que „quiconque a besoin de son aide et de son appui ne peut se servir d'un meilleur intermédiaire“ que cet ambassadeur. Il s'agissait même d'établir comme évêque du diocèse moldave de Bacău un de ces protégés de la Maison de Frence, della Fratta. Gournay, successeur de Césy, continua ces bons offices des missionnaires, et on a encore les lettres qui furent échangées entre ce diplomate et les princes roumains, ses contemporains; il avait même des relations utiles parmi les boïars. Cela dura jusque vers 1640, et le plus important des dominateurs de la Valachie à cette époque, Mathieu Basarab, qui régna presqu'un quart de siècle et mourut à l'âge d'un patriarche, assurait Gournay, en 1635, de sa disposition à bien accueillir tous les prélats catholiques qui seront indiqués à sa protection. Il priait en même temps le représentant d'un roi dont le prestige grandissait de nouveau en Orient de s'employer en sa faveur auprès du Caïmacam, lieutenant du Grand-Vizir, ce qui serait „une œuvre agréable à Dieu" lui-même. Nous n'avons cependant pas de preuves que, à ce moment où les trônes de vassalité des princes roumains étaient gagnés, maintenus et récupérés par l'appui des ministres de l'Empereur, de la Hollande et de Venise, une intervention française eût amené un changement de règne sur le Danube ou eût empêché une de ces intrigues grecques qui ne se lassaient jamais de manœuvrer autour des puissants de la Porte.

Les prélats envoyés par les ambassadeurs du roi étaient pour la plupart des Franciscains italiens dépendant de la „Propagande" à Rome; ils dominaient l'Église latine en

Valachie; ils la représentaient en Moldavie aussi, bien que dans ce pays le chef de l'organisation fût un Polonais, qui, du reste, n'y résidait pas, confiant ses pouvoirs à un vicaire, Italien comme ses prêtres. Cependant en 1659, à l'heure d'un grand mouvement de transformation politique en Pologne, les nouvelles des pays du Danube, intéressés dans ce conflit qui paraissait devoir amener la ruine du royaume, étaient transmises par l'agent français Vignacourt.

Des marchands français traversaient de temps en temps, vers 1650, les Principautés, où ils n'avaient cependant aucune place permanente dans la vie, absolument libre et même favorisée par l'État, des communautés catholiques. Cependant un certain Gaspard Caillé habitait Jassy vers 1660, et il est fait mention de la maison qu'il s'y était achetée; son métier était celui d'horloger, et nous avons trouvé sa signature sur le revers d'un acte de propriété rédigé en roumain.

Un Jésuite français visita en 1685 la Cour de Moldavie, Philippe Avril, acompagné d'un confrère, Beauvoillier, venant de Moscovie, où les Pères avaient mené pendant de longues années une œuvre de propagande qui paraissait devoir menacer à un certain moment l'orthodoxie traditionnelle. Trente Roumains à cheval, fournis par le Grand-Général de Pologne, escortaient les missionnaires à travers le territoire occupé, en Moldavie, par les soldats victorieux sur les Turcs, du roi Jean Sobieski, le „croisé“ de Vienne. Par Câmpulung, dont le „Campus Longus“ est devenu dans la terminologie officielle autrichienne de cette Bucovine, ravie par les Impériaux en 1775, un affreux „Kimpolung“, et à travers la grande forêt de hêtres qui donna son nom à la province „acquise“ par la pieuse Impératrice Marie-Thérèse, on arriva dans les riches vallées de ce pays que le Jésuite qualifie d'„une des plus belles et des plus agréables provinces de l'Europe“, malgré les continuelles incursions dévastatrices des partis polonais et des hordes tatares, qui contraignaient les pauvres paysans „de se faire des loges sous terre“. Avec une nouvelle escorte, tout aussi dévouée, les deux religieux se rendirent à Jassy, où les attendait un secrétaire du prince Constantin Cantemir, père du célèbre historien de l'Empire ottoman et, comme interprète, un des fils de l'historien du pays, Miron Costin. Dans un „carrosse escorté de cinquante soldats“ et parmi une haie de soldats armés, ils se rendirent à la présence du „Hospodar“. Se levant sur son trône, le vieux guerrier fit aux étrangers cette harangue: „Mes chers pères, puisque le Roy à qui vous avez l'honneur d'appartenir et sous les auspices duquel vous allez prêcher l'Évangile jusqu'aux extrémités du monde est un monarque si accompli qu'il fait lui seul l'admiration de toute la terre, je vous demande par grâce votre amitié pour me donner la consolation de compter désormais parmi mes autres amis deux sujets, et deux mathématiciens, du plus grand monarque de l'Univers".

Mais pour comprendre le sens de ces paroles il faut exposer la politique de Louis XIV envers les pays du Danube.

Le premier prince roumain qui eut des relations politiques avec le roi dont le prestige répandu sur l'Europe entière avait atteint l'âme simple du vieux soldat Cantemir, fut Georges Étienne. Chassé de son pays, la Moldavie, par les Turcs pour le punir d'avoir soutenu de ses armes les projets du prince transylvain Georges Rákóczy II sur la Pologne, ce pauvre exilé qui ne devait jamais plus revoir son pays crut pouvoir se tourner vers le lointain roi de France.

Dans une lettre datée de Stettin, capitale, à ce moment, de la Poméranie suédoise, où il avait trouvé un abri, il s'adressait, le 1-er janvier 1665, à Louis XIV pour lui recom-

(1) Les actes concernant les relations de Césy et de Gournay avec les princes roumains, dans nos „Actes et fragments", I. Le voyage de Philippe Avril a été reproduit dans le recueil de Papiu, III.

mander son émissaire, Alexandre Jules Torquatus des Frangepani, colonel, et demander un appui auprès du Sultan. La Cour s'intéressa au sort de ce prince chrétien d'Orient, mais elle fut bientôt renseignée, par l'ambassadeur de France, qu'il s'agissait d'une „entreprise difficile". Le 28 juillet 1667 encore, le roi parlait cependant en faveur du „prince George Estienne de Moldavie", invitant ledit ambassadeur à „passer à l'advantage dudict prince tous les offices necessaires à cette fin". Et il assurait celui qu'il consentait à reconnaître comme „cousin", qu'il a écouté avec bienveillance l'exposition faite par un nouvel envoyé du fuyard de Stettin, „le baron Spatarius, cy-devant vostre general", ce Nicolas Milescu, homme d'une grande érudition, qui fut ensuite consulté pour les dogmes de l'Église orientale par les représentants de la France à Stockholm, préoccupés du problème janséniste. „J'ai beaucoup d'estime et d'affection", écrivait le roi, „pour votre personne. Je souhaiterois bien d'estre en estat de mesme pouvoir soulager dans vos malheurs, que je prie Dieu de faire bientot cesser, et de vous prendre, Monsieur mon cousin en sa sainte et digne garde". Et le ministre, Lyonne, ajoutait aux lettres royales sa propre missive pour remercier l'exilé de „la lettre dont Elle a cru agréable de me favoriser" et lui rendre „ses très humbles actions de grâce".

Georges Etienne devait cependant mourir sur cette terre étrangère, ayant pour seule consolation les Psaumes traduits en roumain, ainsi que la Bible entière, par le même Milescu. Un de ses successeurs, le riche et entreprenant Rouméliote Duca, eut des relations suivies avec l'ambassadeur de France à Constantinople, qui intervint pour lui faire obtenir le trône de Jassy. „Il m'a quelque obligation", prétendait au moins ce dernier, de la Haye, en 1668. Un contemporain de Duca, Grégoire Ghica, tour à tour prince de Moldavie et de Valachie, et qui venait de subir le même sort que Georges Étienne, sort qu'il sut cependant corriger par une habileté versatile peu ordinaire, s'offrait à quitter le service de l'Empereur pour „vivre et mourir à celui de cette couronne", s'offrant à engager pour le compte du roi 2.000 soldats d'infanterie albanaise et 2.000 Croates, dont il garantissait l'expérience. Mais on se rendait bien compte à l'ambassade de Constantinople, qui était, naturellement, consultée sur ces propositions, de l'insignifiance politique de ces princes, surtout par rapport aux intérêts réels de la France : selon l'avis de Nointel, „ils sont des esclaves et non pas des souverains; ce sont des Grecs eslevés par argent, qui, au bout d'une année ou peu plus, tombent de leur trône dans une prison où ils rendent gorge, et au-delà, de ce qu'ils ont volé" (1676). Cependant les ministres du roi en Turquie continuaient, non sans quelque intérêt personnel, à entretenir des relations aves cette engeance grecque ou grécisée, qui donnait des successeurs, à Jassy et à Bucarest, aux princes héroïques du XV-e et du XVI-e siècle: ainsi le titre de dragoman de l'ambassade fut accordé à cette même époque au fils, ignorant en fait de langues étrangères, du prince moldave Antoine Rosetti, d'origine levantine, mais orthodoxe, qui, „cherchant avec un Turc la pierre philosophale", fut poursuivi par la police impériale.

Tout à coup ces incidents personnels, concernant des exilés, des aventuriers et des ambitieux, furent remplacés par une politique française suivie envers les Principautés. Après la libération de Vienne attaquée par le Grand-Vizir en 1683, la chrétienté occidentale paraissait devoir se réunir — sauf la France — pour briser la puissance dégénérée de cet Empire vieilli des Ottomans ; Moscou, gardienne de la plus stricte orthodoxie, consentait à servir ses propres buts politiques à côté des nouveaux croisés de Jean Sobieski, un ennemi naturel pour les Russes, de l'Empereur Léopold et de Venise relevée de sa longue torpeur.

Nous avons dit que pour Louis XIV, qui poursuivait son projet de détruire la situation impériale des Habsbourg et leur domination sur le Rhin, ce devoir de croisade, que chacun interprétait d'après ses droits et ses convoitises, n'existait pas. Il pensait à bien autre chose qu'à donner à ses rivaux la possesion de cette Transylvanie que l'Empereur occupa de fait et conserva à la paix de Carlowitz en 1699, ainsi que celle des deux Principautés que ses soldats traversèrent sans avoir conclu un accord avec le prudent prince de Valachie Șerban Cantacuzène et avec son succeseur Constantin Brâncoveanu. Les Hongrois calvinistes s'étant soulevés contre le patron des Jésuites, sous Éméric Tököly, la France fit du révolté qui s'intitulait roi de Hongrie son protégé permanent On voulait lui donner en 1689 le riche fief de la Valachie, en dépossédant Brâncoveanu. Après deux ans d'efforts, les Turcs, gagnés par l'or du prince légitime, refusèrent nettement et définitivement d'installer à Bucarest l'aventurier magyar. Celui-ci obtint cependant des Turcs une grande expédition, qui en fit pour quelques jours le prince de Transylvanie. Brâncoveanu avait dû collaborer à la campagne contre les Impériaux, et son „allié“ l'en dédommagea en pillant cette Valachie dont il avait même l'air de ne plus vouloir sortir. On disait encore du côté des Français, au mois de mai 1690: „Si le dessein de la Transylvanie devenoit impossible, je pourrois offrir les memes sommes pour establir le comte Tekely dans la Moldavie et la Valachie“; il s'agissait donc de réformer l'ancienne Dacie au profit de cet étranger! Et, pour détruire le prince valaque, on recourait à tous les moyens, encourageant les boïars mécontents à se plaindre à Constantinople et nourrissant les ambitions et les ressentiments du jeune Constantin, fils de cet ancien protégé qui avait été Duca. Lorsque Brâncoveanu, pressé par les circonstances, devait faire quelque geste d'amitié envers cette Cour de Vienne dont, certainement, il ne voulait pas une suzeraineté impérieuse et avide, on dénonçait aussitôt son acte de trahison envers le Sultan.

Tököly ,était décidément impossible comme „prince roumain“. Mais ce territoire danubien intéressa bientôt la France sous un autre rapport. Il n'y avait pas seulement un concurrent pour la domination en Moldavie et en Valachie, après la défaite définitive des Turcs. Les rois de Pologne : Jean Sobieski, puis son succeseur, Auguste de Saxe, parlaient des anciens droits du royaume sur ces contrées qu'ils affectaient de considérer comme de simples Palatinats, soumis jadis à l'autorité de leurs devanciers. Pour gagner la

Pologne, pour empêcher en même temps l'Empereur d'arriver à ses fins, la diplomatie française demanda aux Turcs, pendant bien dix ans, de faire ce sacrifice territorial. On consentait à un simple démembrement de la Moldavie, ce que le Vizir refusa absolument, en 1693, bien que les Polonais eussent déjà occupé, dès 1691, la Bucovine actuelle et une large partie du territoire entre le Séreth et les Carpathes. Sans abandonner les projets d'établir Tököly, fût-ce même en Moldavie (1694). on persista dans cette direction. Le roi proposait, le 21 avril de cette même année, qu'on cédât „Czernovitz et Hotin, avec le pays entre le Pruth et le Dniester, de Sniatyn jusqu'à l'endroit ou le Pruth se rapproche le plus du Dniester". Il fallut bien en rabattre, et la paix de 1699 laissa la Moldavie entière, restituant seulement aux Polonais, en échange pour des sacrifices dans lesquels ils dépensèrent les derniers restes de leur énergie nationale, la forteresse de Kamieniec, sur le Dniester.

Il n'avait pas été donné à Louis XIV de livrer à un étranger ou à dépouiller de leurs provinces ces Principautés que Napoléon III devait, deux cents ans plus tard, réunir en les agrandissant.

---

1) Les actes dans le Supplément I, vol. 1, de la collection Hurmuzaki et dans nos *Studii şi documente*, XX.

CAPITRE IV

Princes phanariotes et amis français dans la première moitié du XVIII-e siècle

Il n'y avait pas encore au commencement du XVIII-e siècle de relations intellectuelles entre la France, dont l'influence littéraire et sociale ne s'était pas encore étendue sur l'Europe entière, et la classe des boïars dans les deux Principautés, qui avait déjà développé, sous l'impulsion des idées de la Renaissance, venues de Pologne surtout, une civilisation nationale d'une incontestable originalité et d'un intérêt spécial par le mélange particulier des éléments occidentaux avec ceux qui appartenaient à l'ancienne tradition de l'Orient byzantin. L'historien de l'Empire ottoman, le codificateur de la musique turque, l'auteur d'une „Description de la Moldavie", demandée par l'Académie de Berlin, dont il était membre, le futur organisateur d'une nouvelle Académie à Pétersbourg, Démétrius Cantemir, qui eut deux règnes, de brève durée, en Moldavie, avait bien fréquenté, pendant un long séjour, comme ôtage de son père, à Constantinople, le Palais de France, étant personnellement lié aux ambassadeurs, qui appréciaient son grand savoir d'orientaliste, et un Musée français conserve un portrait de ce personnage, encore très jeune, portant la perruque aux longues boucles, la cravate en dentelles et l'épée du gentilhomme français de l'époque de Louis XIV, mais, en même temps, le turban et les détails de vêtement de ses maîtres turcs, image des deux influences qui se croisaient dans son esprit aussi bien que dans la vie même de sa patrie, mais on ne retrouve dans ses nombreux ouvrages, portant des empreintes diverses, rien qui rappelle la civilisation française.

Les relations entre les Principautés du Danube et la France se bornent, pendant la première moitié du XVIII-e siècle, à celles qui existèrent entre les princes, en tant que Phanariotes, anciens drogmans de la Porte à Constantinople, et ceux des Français provisoirement exilés en Orient que leur avaient fait connaître leurs fonctions diplomatiques avant le moment, glorieux pour leur carrière, de la promotion aux trônes de Valachie et de Moldavie. Il ne s'agit pas même des rapports entre la puissance d'un grand État, qui aspire à être le premier en Europe, et l'autonomie, capable d'être employée dans des buts politiques, de provinces orientales qui conservent, avec le respect de la tradition, tous les souvenirs glorieux qui s'y rattachent : ce sont seulement des relations personnelles, empreintes de la médiocre considération qui était départie à ces instruments grecs des Ottomans, toujours faibles, mal assurés et même corruptibles.

Parfois seulement quelque aventurier français, comme Bonneval, devenu ensuite un Pacha turc, risque des propositions comme celle d'amener les Turcs à lui confier le tribut des deux Principautés pour le mettre en mesure de réaliser des „miracles“ sur le Danube, s'offrant à organiser un corps de deux à quatre mille mercenaires sous son propre commandement, avec le titre de séraskier; il ajoutait que de pareilles attaches en Orient empêcheraient peut-être la France de rester isolée au moment où les princes allemands qui accaparaient peu à peu les trônes en Europe se saisiraient aussi de l'héritage de Pierre-le Grand (1737). Peu après, le réfugié hongrois Disloway proposait à la France de lui créer une principauté, un „royaume“ sur le Danube dans les limites d'un vaste territoire non habité et parfaitement colonisable qui s'étendrait entre la Hongrie et les pays roumains („sur les confins de la Hongrie et de la Transylvanie et dépendant de la Valaquie“). Enfin l'aventurier français Radu ou Rodolphe Cantacuzène, fils du prince Étienne de Valachie, exécuté par les Turcs en 1716, s'adressait au roi en 1749, protestant qu'il „ne dépend d'aucune Cour“; cet individu, dont a fantaisie avait une forte couleur de charlatanisme et qui se targuait d'être chef de l'Ordre constantinien et „marquis" de toutes les terres qui avaient appartenu à sa famille, sans compter d'autres sur lesquelles elle n'avait jamais eu des droits, espérait réaliser de cette façon des ambitions qui, à un moment donné, s'étendirent aussi sur la Serbie et qui, après l'avoir mené à visiter en solliciteur différents milieux politiques de l'Occident, allaient lui faire perdre la vie ou au moins la liberté.

Nicolas Maurocordato, le premier des Phanariotes, était connu à l'ambassade de France pour „l'inclination qu'il a toujours témoignée pour les François". Ayant joui, probablement, comme son père Alexandre qui avait reçu, jusqu'à sa mort, une pension, des faveurs du représentant du roi et conservant des relations avec ce médecin juif espagnol Fonseca, qui fut pendant dix-sept ans aux gages de la Maison de France, il était considéré comme un client politique assuré. Il accueillit tour à tour dans sa principauté le sieur de Fréville, qui accompagnait Charles XII réfugié à Bender, l'ambassadeur Désalleurs, qui traversa la Moldavie par un hiver affreux et, arrivé enfin à Jassy, comme dans un port de salut, unit des présents à ses compliments, et nombre d'autres agents et simples voyageurs. Pris par les Impériaux en 1716, dans sa résidence même de Bucarest, il revint sur le trône après la conclusion du traité de Passarowitz, et Bonnac, successeur de Désalieurs, assurait, en 1719, que, „pendant sa prison chez les Allemands, il a contracté une haine personnelle contre eux“, ajoutant qu'il „l'a fait assurer qu'il n'oublieroit rien pour fortifier les bons sentiments où est la Porte pour la France“. Son fils Constantin était considéré comme l'héritier de ces sentiments. Il s'adressait en 1740 au cardinal de Fleury pour le féliciter d'avoir procuré à la Porte, „parmi les applaudissements dont tout l'Univers retentit“, une paix honorable, celle de Belgrade, digne de „son génie“. Et, en échange, on lui parlait, non seulement de l'appui qui lui avait été accordé par la France pour gagner une situation princière, mais aussi de ses prédécesseurs et parents, de „leur amour pour les lettres et la protection qu'ils ont toujours accordée dans leurs États à notre nation“. On lui faisait parvenir, de la part du roi, les Conciles de Hardouin pour sa bibliothèque; de Paris, en 1741, des caisses de livres français arrivaient à son adresse. L'abbé Desfontaines lui adressait une dédicace, telle publication parisienne faisait l'éloge de son œuvre législative ; un certain Fournier s'offrait à lui comme „correspondant de littérature“. Il maintenait dignement, même dans ses malheurs, qui lui faisaient vendre une splendide bibliothèque, unique en Orient et dans laquelle les ouvrages français ne manquaient pas, cette tradition littéraire de son père, dont fait preuve aussi correspondance de celui-ci avec Le Quien, l'auteur de l'„Oriens christianus".

Les sympathies des ambassadeurs de France à Constantinople étaient sollicitées depuis quelque temps par un rival de Maurocordato, le prince Constantin Racoviţă, d'ancienne souche roumaine, mais „phanariotisé" par toute son éducation. On a conservé ses lettres auxdits ambassadeurs et leurs missives adressées à cet ami constant et dévoué de leur nation. Racoviţă envoie des tonneaux de vin de Moldavie, des pommes, des lévriers, des chevaux isabelle, et reçoit, en échange, des cadeaux en étoffes de luxe ; il propose de placer des capitaux dans les entreprises des Français en Levant, pour les arracher à la cupidité turque, et on finit par y acquiescer; il forma même le projet d'un „établissement" français en Moldavie, que devait fonder et servir son conseiller occidental, un Marseillais, Jean Baptiste Linchoux, fiancé à une dame Sturza, précieux et fidèle auxiliaire de son maître, qu'il aida dans ses malheurs jusqu'à se compromettre gravement aux yeux des Turcs et à finir, malgré l'intervention pressante de l'ambassade, par la main du bourreau. Racoviță était prisé comme un „prince au cœur vrayment françois", dans lequel la „foi grecque" n'entrait que pour bien peu.

On croyait d'abord que Grégoire Ghica, cousin du vieux Maurocordato, et ses fils, Scarlat et Mathieu, avaient les même ssentiments; Grégoire étant encore drogman, on faisait l'éloge de son „zèle" et de sa „bonne volonté", le considérant comme „un homme qui mérite attention et qui est entièrement dans les intérêts de la France", une pension de mille écus par an aidant à ce „grand attachement". Comme prince, il se servit de la famille des Mille, Jean et Mathieu Georges, „bons François", dont le premier, devenu à la grecque, un Yanakaki. se mêla à la boïarie roumaine et se perdit dans ses rangs. Mais plus tard cette famille des Ghica fut considérée comme inféodée aux intérêts allemands.

En fait d'intérêts réels, de points d'attaches constants avec le pays lui-même, on était encore à les chercher. Tel solliciteur proposait en 1748 l'établissement d'un consul, mais le Ministère préférait quelque „François intrigant, lequel, sous prétexte de commerce, pourroit rendre les services nécessaires", — ainsi que le fit plus tard Linchoult. En matière de religion, les Italiens avaient pris la place, et ils se bornaient à demander une vague protection de la France, l'idée d'établir des Jésuites polonais n'ayant pas laissé un établissement. On trouve bien à Jassy vers 1750 un père Laydet, mais les rapports même des agents français nous font savoir qu'il ne s'agissait que d'un „fils de François, mais Allemand naturalisé et d'inclination, intrigant, dévoué à la Saxe et au comte de Brühl particulièrement".

Ce n'est que par la voie d'une influence littéraire que la France allait gagner une situation durable sur le Danube roumain (1).

CHAPITRE VI

Précepteurs et secrétaires français en Moldavie et en Valachie au XVIII-e siècle. Premiers écrivains français traitant des Principautés

L'usage d'employer des secrétaires français pour toutes les relations avec l'étranger devint général à la Cour des princes phanariotes de la seconde moitié du XVIII-e siècle. L'italien avait cessé d'être la grande

---

(1) Les matériaux dans le volume déjà indiqué de la collection Hurmuzaki et dans le recueil récent de M. J. C. Filitti.

langue de correspondance „franque“ pour l'Orient, et les Levantins eux-mêmes, Génois plus qu'à demi grécisés, durent se soumettre à la nécessité, nouvelle, d'apprendre le français, s'ils voulaient jouer un rôle ou occuper une place dans la diplomatie ottomane. Mais, jusqu'à ce que tout le monde en arriva à pouvoir tourner une lettre convenable dans une orthographe quelconque, du temps dut se passer, — et ce fut celui des secrétaires venus de France, nobles sans occupation ou bourgeois en quête d'aventures orientales. Puis, lorsqu'il fallut former une nouvelle génération capable de correspondre dans la langue internationale de i'Europe entière, le précepteur des fils de prince commença, à Jassy et à Bucarest, son œuvre.

Du temps des Linchoult, des Mille, des de la Roche, chargés spécialement des affaires de Pologne, il n'y avait que les „directeurs de la correspondance étrangère“. Il en fut autrement après la longue guerre russo-turque qui finit par la paix de Keutschuk-Kaïnardschi en 1774, amenant un régime de nouvelles garanties pour l'autonomie traditionnelle des deux Principautés. Alexandre Ypsilanti, premier prince de Valachie après le rétablissement de ces trônes en sous-ordre, employa jusqu'à un cuisinier français, le nommé Maynard ou Mesnard, mais le soin d'élever ses enfants fut confié à un Ragusan, de langue italienne, Raicevich, qui fut ensuite agent d'Autriche dans les Principautés. Ce futur auteur des intéressantes „Observations sur la Valachie", qui furent traduites plus tard en français aussi, par Lejeune, lisait probablement des livres dans cette langue, qui n'était pas inconnue au poète roumain contemporain, Jean (Ienăchiţă) Văcărescu, un italianisant cependant en fait de littérature occidentale. Auprès du prince Constantin Mourousi, qui obtint la Moldavie en 1777, on rencontre les Français abbé Marchand et Pierre Chabert, dont la famille s'établit dans la Principauté. Des Italiens, originaires de Rome, comme Nagni, se faisaient appeler Nagny au moment où ils remplissaient les fonctions de secrétaires auprès de ces petits despotes aux allures solennelles, copiées sur celles de leur „empereur" Constantinopolitain. Il fut question d'un médecin français, „homme profond dans son art", à la Cour du prince de Valachie Nicolas Caradscha (Karatzas), et le rôle de précepteur des enfants princiers fut sollicité par Albert, homme de „bonne plume".

Pas n'était besoin cependant des Français pour étendre et consolider une influence de civilisation sociale et de mode littéraire qui envahissait rapidement l'Europe entière. Les Italiens, les Ragusans. certains Allemands même en étaient aussi les facteurs, intéressés sinon enthousiastes. Le maître de français était le seul précepteur que l'Orient chrétien voulait engager et entretenir. Les journaux qu'on lisait à Jassy et à Bucarest n'étaient pas toujours des journaux de France, où l'ancien régime surveillait de près les publications politiques, mais c'étaient des journaux français, de Leyde, de la Haye, d'Amsterdam, de Londres, qui étaient déjà commandés au moins par les princes, obligés de renseigner la Porte sur tout ce qui se passait en Occident, dès 1750. Et, bientôt, une maison „grecque" de Vienne, celle des frères Markidès Poullio, des Roumains de Macédoine, faisaient parvenir aux boïars toute une bibliothèque d'ouvrages français qui n'attiraient pas toujours par leur frivolité et par leur description appétissante des mauvaises passions. Il y a de bons livres français dans la bibliothèque du prince Constantin Maurocordato, dont nous avons le catalogue. Les *Aventures du chevalier de Faublas* étaient lues par des demoiselles habillées encore à l'orientale, bien que les officiers des fréquentes occupations militaires russes et antrichiennes leur eussent enseigné les danses de l'Europe et les façons des salons français, plus ou moins fidèlement rendues par ces rudes initiateurs, et que des maisons de Transylvanie ou de Vienne même eussent commencé à expédier des étoffes et même des robes d'une nouvelle façon. Mais on rencontre dans les restes des anciennes bibliothèques roumaines, qui contenaient aussi, comme celle de Jean Paladi, à Jassy, en 1792, Suétone auprès d'Érasme, des volumes de Racine,—splendide édition de Berlin—et de Bossuet. Voltaire était lu avec avidité et préparait des „libres penseurs“ sur le Danube roumain. Les romans de Florian ravissaient les âmes sensibles, qui n'attendaient que cette lecture pour l'éclosion de leurs rêves. On s'initiait à la la connaissance de l'histoire par les pages, d'une sévérité raide et compassée, du vieux Rollin. Et on ne voit pas sans étonnement un évêque de l'Église orthodoxe, le grand Césaire de Râmnic, qui parlait le grec et l'italien, demander, sans craindre aucun dommage pour son âme, l'*Encyclopédie.*

Déjà les Français commençaient à s'installer. On verra dans ce qui suivra s'ils surent reconnaître tout ce que cette imitation naïve et passionnée recelait de promesses pour l'avenir.

Parmi les précepteurs français qui formaient l'éducation des fils de prince, il y en a eu un qui, mu plutôt par le désir de se venger contre ceux qui n'avaient pas reconnu et récompensé ses services, pensa à mettre par écrit l'expérience acquise pendant un séjour plus long parmi les Roumains, et à savoir en Moldavie, à la Cour du bon prince laborieux et modeste qui fut Grégoire Alexandre Ghica (1774—1777). Cet homme, qui devait se ranger plus tard parmi les meneurs et les pamphlétaires de la Révolution pour finir sur l'échafaud une vie de mécontent et d'agité, est Carra. Son „Histoire de la Moldavie et de la Valachie“ parut à Neufchâtel, en 1782.

L'auteur se pique d'être un érudit en ce qui concerne l'histoire et l'ethnographie de ce régime dont il ne connaissait, de fait, que la capitale moldave, Jassy, et les grands chemins qui y menaient. Il parlera donc des Daces et des Romains et donnera solennellement l'assurance que, si ses pauvres Valaques ont du sang romain dans leurs veines, ils le doivent seulement à celui des déportés de l'Italie, qui, semblables aux forçats des Antilles et de la Cayenne, avaient été exilés pour leurs méfaits; ils laissèrent pour héritage à leurs descendants le „vice“ et la „lâcheté“.

Des renseignements géographiques lui avaient été fournis par la „Description de la Moldavie“ de Démétrius Cantemir, auquel il emprunte des erreurs qui seront accentuées par l'ignorance du compilateur; c'est en même temps la source de ses données sur le cérémonial de l'installation des princes. Il a connu aussi, pour le passé moldave, les chroniques de ce pays dans la forme qui leur fut donnée, à la fin du XVII-e siècle, par le logothète Miron Costin (1), mais le manuscrit consulté présentait de grandes lacunes, ci et là. Carra a recueilli aussi certaines des anecdotes qui circulaient sur le règne des derniers princes. Le peu de choses qu'il sait sur le passé de la Valachie est dû, paraît-il, à l'ouvrage de statistique rédigé, à cette même époque, pour la Cour de Russie, par un des généraux de l'Impératrice, de Baur. La chronologie est à l'avenant. La biographie, sić tendue, de Démétrius Cantemir, est un des cas dans lesquels on peut constater le manque absolu de proportion. On se ferait sans doute une bizarre idée de l'histoire des Roumains en prenant pour guide ce pamphlet.

Les considérations de Carra sur „l'état actuel" des Principautés sont d'une utilité plus réelle. L'auteur trouve des ressemblances entre la nature roumaine et celle de la Bourgogne et de la Champagne, mais une profonde mélancolie lui paraît se détacher des forêts et

(1) Voir, entre autres, la description des antiquités trouvées à Suceava, ancienne capitale de la principauté. Notre écrivain reconnaît dans Bogdan Chmielnicki, le rude chef cosaque, qui créa au XVII-e siècle un „État" de brigandage sur le Dniéper, le descendant de la lignée des princes moldaves qui commence par Bogdan le fondateur.

des lacs qui occupent la plus grande partie de ces beaux paysages. Cependant on voit partout des vergers, des pelouses semées de fleurs pendant les mois chaleureux de l'été oriental.

„La distribution des plaines, des collines et des montagnes" lui paraît unique en Europe. „L'aspect", dit-il, „est moins imposant qu'en Suisse, mais plus riant, plus doux. La floraison dans les grands bois solitaires est d'une incomparable richesse".

Le nombre des habitants s'élèverait tout au plus à 500.000 âmes. Les villes et bourgs, sans murs, ne souffrent pas de comparaison avec „les plus misérables villages de France ou d'Allemagne"; les villages eux-mêmes ne sont qu'un amas de chaumières. Les boïars seuls habitent dans des maisons en pierres, alors que les autres se contentent de legères bâtisses en clayonnage. L'ameublement se réduit au divan qui fait le tour de la chambre; les chaises sont une innovation récente. Sur les tables de bois on sert des repas, dont les mets sont cuits dans le beurre ou la graisse de mouton, selon la recette empruntée aux Turcs. Carra déplore le manque des bons rôtis anxquels il avait été habitué. Les longues siestes, la pipe orientale à la bouche, ne l'en consolent pas. Les distractions sont rares et d'une simplicité naïve. Cet historien revêche ne trouve pas à son goût la danse nationale, la „hora“ (du „choros“ grec), dont il présente une description tendant au burlesque, sans remarquer qu'il s'agit, de fait, d'une ancienne tradition hellénique et sans se rappeler la farandole du Midi français, qui a la même origine. Le costume oriental des danseurs ne paraissait pas ridicule au Levant entier, qui le gardait depuis des siècles, sans remarquer ce „mauvais goût“ dont le précepteur des enfants princiers est si scandalisé. Si tel jeune boïar a été sévèrement puni pour avoir exhibé un costume plus riche que celui du prince, le même Grégoire Ghica, c'est que ce dernier venait de publier des ordonnances somptuaires auxquelles il entendait soumettre tous ses sujets, dont il voulait combattre le penchant au luxe dans les vêtements. Et cette pauvre musique tzigane qui le fait rire a de lointaines origines très respectables et exerce sur l'âme moderne une profonde influence que le dix-huitième siècle était cependant bien loin de prévoir.

Carra ne connaît le paysan que pour l'avoir aperçu dans la foule avec son aspect hirsute d'ancien Dace ; il ne comprend pas sa belle langue latine sonore, qu'il présente comme un patois barbare et corrompu, sans „énergie“ et sans „goût“, et ne devine pas ce que ce paysan conserve, en fait de réminiscences, de coutumes et d'aptitudes artistiques, dans les formes simples auxquelles il a été réduit par une vie si dure. Il lui reproche la paresse, sans tenir compte assez du fait, qu'il mentionne cependant, de cette oppression, de la part des étrangers et de ses maîtres indigènes aussi, qui lui rendent impossible l'acquisition d'une fortune propre et l'éloignent d'un vain travail qui ne peut le rémunérer nullement. C'est, dit-il, un effet du despotisme oriental, mais il faut en voir ailleurs le véritable motif : un système fiscal écrasant, imposé aux Principautés par les besoins financiers d'un Empire parasite, qui ne se nourrit plus de la guerre, et d'une société corrompue. Il pouvait constater par sa propre énumération des produits du pays : grains, vins, bétail, brebis, chevaux, miel, cire, peaux, sel, bois, salpêtre, tabac, que l'existence des débouchés et la liberté du commerce pour certains d'entre ces produits en accroissent le montant. Le nombre restreint des artisans, étrangers et indigènes, s'explique aussi facilement par les aptitudes naturelles du paysan dans toutes les branches de métier, ce qui le rend un mauvais acheteur (1), et par le fait que les boïars se fournissent d'objets de luxe fabriqués à l'étranger.

Les critiques les plus acerbes seront cependant celles qui concerneront les institu-

(1) Hauterive (voy. dans la suite) comprendra ce motif (pp. 323—324).

tions. Carra, l'encyclopédiste, le philosophe, qui rêve de liberté et qui croit rémédier à tout par des lois meilleures, ne peut rien comprendre à un gouvernement de tradition et de coutumes, ayant à sa tête un prince de caractère patriarcal, qui pouvait être excellent si la pression de l'étranger ne s'exerçait pas trop forte—, comme elle le faisait habituellements—, sur son trésor. On s'imaginerait vraiment que Rome ancienne revivait en France sous le règne de Louis XV, dont Madame de Pompadour aurait été l'Égérie et les détenteurs des charges publiques les fidèles serviteurs, étrangers à toute tentation, en lisant les pages nombreuses dans lesquelles Carra esquisse les juges vénals que pas un Beaumarchais ne venait mettre au pilori de l'opinion publique, les boïars qui usent de leur influence sans essayer de s'élever à l'intégrité des seigneurs de la Cour de Versailles, les fonctionnaires des districts, qui ne sont pas payés et se refont sur leurs administrés, comme si on était dans cet Occident où il n'y avait pas d'autres fonctions que celles qu'on achetait en deniers comptants pour en recueillir ensuite les revenus, puis les femmes de la noblesse incapables de lire et d'écrire — des documents fournissent la preuve du contraire ; elles lisaient même des romans français —, comme si elles avaient su que Marie-Antoinette, reine de France et fille de l'Impératrice Marie Thérèse, avait dû apprendre un brin d'orthographe après son mariage avec Louis XVI (et il déclare que les boïars, leurs pères et maris, sont avides de lecture française et qu'ils dévoreraient Voltaire).

De pareils pays ne peuvent pas avoir un avenir que par la domination étrangère. Ce bon Carra la souhaite chaleureusement, et non pas même pour la race roumaine, qui serait remplacée peu à peu, à force d'être exploitée, par les colons de l'Empereur ou du roi de Prusse. Comme il recommande la culture du riz, de la canne à sucre, les indigènes ont leur situation d'esclaves tout indiquée. Et les marchands bavarois, autrichiens, hongrois auraient bientôt fini avec les derniers représentants d'une classe moyenne dénuée d'initiative et incapable de progrès.

On ne pouvait pas, décidément, tirer à ces pauvres pays danubiens de pire horoscope que celui-ci. Et tout cela à cause, non seulement du libéralisme révolutionnaire, dont se targue l'auteur, mais aussi de sa rancune contre le prince Grégoire Ghica, ce Phanariote, d'éducation plutôt roumaine, qui employa son règne moldave à tenter des réformes dans ce même esprit philosophique de l'Occident et qui était naguère considéré comme une victime de la politique autrichienne pour avoir essayé d'empêcher le rapt de la

Bucovine. Carra n'épargne aucune accusation à son ancien maître : il est nommé par la grâce du roi de Prusse, qui avait recommandé en effet sa nomination ; il a levé une triple contribution sur le pays ; il se laisse corrompre et passe en souriant sur des délits de corruption avérée ; il est un avare mesquin, qui cache son argenterie et ses draps de table pour poser devant ses hôtes des verres ébréchés et des serviettes sales ; il est incapable de donner des lois, de protéger des artistes comme son voisin de Valachie Alexandre Ypsilanti, et, s'il se vante d'avoir fondé un gymnase — où il avait appelé les mcilleurs des didascales grecs —, il n'y emploie comme professeurs que „deux où trois moines ignorants". Mais peut-être faut-il commencer par la reconnaissance due pour être capable d'apprécier avec impartialité les mérites de ceux qu'on a servis.

Si l'espèce des bourgeois littérateurs déambulant à travers l'Europe en quête du pain quotidien et des avantages de la profession n'a donné que l'injuste prose de parti-pris de Carra, un noble français, destiné à une grande carrière dans sa patrie, devait, à la suite de son séjour comme secrétaire princier en Moldavie, laisser un ouvrage qui, par la profonde intelligence du sujet, par la hauteur des idées et par la noble conception de l'ensemble, doit être classé parmi les meilleures descriptions des Principautés roumaines.

Celui qu'on appelait l'„abbé“ d'Hauterive à cause de ses études faites chez les oratoriens, fut employé à Constantinople comme attaché à l'ambassade de France en 1780. Au commencement de l'année suivante il acceptait la proposition d'Alexandre Jean Maurocordato, prince de Moldavie, et l'accompagnait pour remplir à Jassy les fonctions délicates de secrétaire auprès de ce prince, homme d'une intelligence distinguée et auteur de poésies grecques assez bien tournées.

Habillé *alla turca*, avec un châle à la ceinture, des bottes molles aux pieds et une pelisse sur les épaules, il suit le chemin habituel des cortèges princiers, qu'il décrit dans des notes de voyages, très spirituelles, qui ont une vraie valeur littéraire. „Une princesse belle comme le jour“, la femme de Maurocordato, se trouve dans la nombreuse et brillante compagnie, et le secrétaire ne manque pas de signaler tous les beaux minois grecs rencontrés au passage : la jeune princesse Caradscha et la sœur même du nouveau Hospodar, et il maudit les *féredschés* dont les plis l'empêchent de voir les belles dames ou les dames supposées belles de Bourgas. Passant le Danube à Silistrie, où la vue d'un cerf-volant enfantin le rassure à l'égard des ravages de la peste, il passe la nuit dans un village où l'attendaient „un million de puces affamées", il aperçoit le couvent de Slobozia, datant du dix-septième siècle, sans en remarquer l'architecture intéressante, il traverse des déserts fertiles, des villages composés de misérables ruches, qui ne sont pas cependant plus humbles que celles „des villages de la Beauce et de la Sologne", mais contiennent en abondance tout ce qui pourrait nourrir une ville; il y goûte pour la première fois ce „pain" de maïs „bouilli" qui est la *mămăliga*, la „polenta" roumaine, il contemple une joyeuse danse de noces et admire l'élégant costume des paysannes. Puis, après le passage de la frontière qui sépare, a Focşani, la Valachie de la Moldavie, tout fatigué des hommages dûs à un personnage de son rang, membre de la suite du maître, il s'indigne contre l'*ispravnic* (gouverneur) barbu, qui s'avise de le recevoir et de le nourrir trop négligemment. A Vasluiu il voit une petite villageoise de dix-huit ans qui lui semble descendue d'une tableau, avec son métier sur les genoux: „nos duchesses", dit-il, „ne brodent pas avec une plus jolie main, avec un plus beau bras et avec une aisânce plus noble" —, dans la chaumière où tout est nettoyé et tout se trouve en ordre.

Arrivé à Jassy, il avait cru trouver des barbares en guenilles habitant „des niches de bouc" et parlant une langue épouvantable", d'autant plus qu'il était „prévenu dans ce sens par ses prédécesseurs sur lesquels il formule ce jugement que nous nous bornerons à reproduire: „tous ceux qui se sont plaints de ce pays y ont laissé des sujets de plaintes et en ont porté ailleurs... Ceux qui disent", ajoute-t-il, „qu'on manque de tout ici ne disent pas tout ce dont ils manqueraient en France", où „plus d'un million de Français, à deux pas de l'abondance de tout, sont dépourvus de tout". Il parlait ainsi après trois mois passés au milieu de ces boïars silencieux, de ces femmes aux yeux baissés qui n'en étaient pas pour cela pires que le monde remuant, hardi et bavard dont fourmillaient les couloirs du Versailles royal.

Ayant lu Carra, le secrétaire français se croit obligé, dans une description qu'il rédigea à ce moment („La Moldavie en 1785"), de parler des familles régnantes, Maurocordato, Ghica, des titres accordés aux princes phanariotes. Mais il ajoute des notes justes sur les motifs de la grandeur et de la décadence de ces hommes ambitieux qui tombaient l'un après l'autre victimes de leurs traditions de famille; il y a glaner pour l'historien dans ces nombreusses anecdotes de bonne source. A côté des figures, bien esquissées, de consuls,d'aventuriers, de belles femmes, auxquelles il fait la cour devant la princesse et un peu pour la princesse elle-même, il dessine, d'une main légère, en souriant, les types caractéristiques de la société moldave: magnifiques grands boïars, fonctionnaires entichés de leurs titres, Grecs „dénués de tout sentiment d'honneur“, marchands grecs insinuants et fourbes, grossiers marchands moldaves de denrées à bon marché, artisans allemands ivrognes et querelleux, Juifs ressemblant aux „chèvres d'Angora“, vils Bohémiens et enfin, aux deux bouts, parmi tout le ramassis d'étrangers, le peuple, habitué à être bafoué et maltraité, et le prince, qui n'a pas, pour toutes les grâces qu'il distribue un seul fidèle. Les Grecs, laïcs et ecclésiastiques, sont l'objet d'une longue satire mordante. Des considérations sur les revenus de la Principauté et sur la vie économique en général finissent l'opuscule. L'auteur insiste sur le manque d'ordre dans le travail et sur l'affreux gaspillage pratiqué avec insouciance par un peuple qui—Hauterive ne l'a pas remarqué—savait bien que le produit de son labeur ne servirait qu'à enrichir l'étranger. Il voudrait pouvoir amener des „bergers de Milan“, de la catégorie des colons rêvés par Carra. Mais il reconnaît que cette pauvreté était heureuse, et peut-être est-ce bien le but de cette fragile vie humaine.

Après quelques années de séjour, les premières idées du secrétaire princier se précisèrent.

Alexandre Ypsilanti avait succédé en 1787 à Maurocordato, lorsque Hauterive crut devoir lui soumettre, comme à un nouveau protecteur, un „mémoire assez étendu sur l'état de la Moldavie“, qui est son principal livre concernant ce pays.

Il est empreint d'un grand sérieux et d'une sympathie sincère pour les Roumains. Cette intelligence pénétrante s'était rendu compte enfin que, „de tous les peuples qui les environnent et qui se glorifient d'une ancienne généalogie, ils sont encore ceux qui conservent dans leurs coutumes et dans leurs lois le plus de conformité avec celles de leur fondateurs, que, dans la confusion générale de tous les mœurs..., ils sont les seuls dont la servitude est restée indécise, dont la dégénération n'est pas condamnée et laissée encore à l'espérance, qu'ils sont les seuls qui, sans faire partie intégrante d'un vaste Empire, conservent, sous la condition d'un tribut, leur nom et leurs formes civiles, qu'ils n'ont pas perdu tous les moyens de modérer la puissance de ceux qui règnent sur eux, qu'ils savent même, par l'unanimité de leurs acclamations ou de leurs murmures, influer sur la plénitude et la durée de leur autorité, qu'ils sont enfin les seuls qui gardent les lois et la langue du premier peuple de l'univers..., quelques-uns de leurs usages comme des traditions nationales, et enfin des traits précieux et ineffaçables de la simplicité de ces anciens Romains qui domptèrent tout l'univers, et des Scythes (lisez: Daces) qui ne furent domptés par personne" (1).

Dans ce petit écrit, bien ordonné, les renseignements historiques ne figurent que pour expliquer les „usages" et appuyer de la sorte les „privilèges". Cette brève notice, n'est d'ailleurs, pas seulement exacte dant ses lignes générales, mais elle fournit aussi des preuves d'une clairvoyance peu commune, d'une habileté particulière à saisir les rapports permaments qui existent entre les actions politiques, d'un côté, et le territoire, la race, de l'autre. D'Hauterive admet cependant la disparition totale de l'ancien élément dace et la retraite ultérieure des colons romains devant les barbares, dans la montagne protectrice.

Les débuts de la principauté moldave sont exposés d'après la légende ancienne contenue dans ces chroniques, que le secrétaire princier avait pu employer à la suite du précepteur Carra.

Cet autre écrivain ajoute des hypothèses naïves, comme celle qui explique le nom de la ville de Roman (c'est-à dire : fondation du prince Roman) par le caractère romain que Dragoş, le prétendu créateur de l'État moldave, aurait entendu donner à son œuvre. Il glori-

(1) Pp. 21—22.

fie le long labeur guerrier d'Étienne-le-Grand, vainqueur de Mohammed II et de la puissance ottomane à son époque héroïque, et il donne à celui qui „sut maintenir sa nation dans une indépendance absolue“ le doux nom indigène de Ştefan Vodă, „le Voévode Étienne“: „son nom a remplacé dans les chansons nationales“, dit-il, — et c'est la première fois qu'un étranger mentionne ces chants épiques roumains, pareils à ceux des Serbes par l'essor héroïque aussi bien que par la beauté de la forme,—„ceux des divinités daces qu'elles célébraient alors et que les chansons valaques célèbrent encore; le récit de ses exploits fait encore aujourd'hui le charme du loisir des bergers et la joie des festins et des fêtes“ (1). Comme il avait déconseillé idès les premières lignes de son écrit la politique favorable à la Russie, dont il démontrait la „protection ambitieuse“ (2), il considère comme une grave faute la résolution prise en 1711 (3) par le prince Démétrius Cantemir d'ouvrir au Tzar Pierre les portes de son pays moldave. L'auteur croit que la méfiance de la Porte envers tous ses sujets chrétiens et les mesures qu'elle prit à leur désavantage sont dues à cette action imprudente et erronée dans son principe même.

(1) Pp. 66—67.
(2) P. 24.
(3) P. 7273.

Un second chapitre s'occupe du peuple, en reconnaissant avec respect les traces, très visibles, de sa noble origine: „la haute stature et la constitution robuste des soldats romains", tels qu'ils sont représentés, au moment même de la conquête de cette Dacie, par la Colonne du conquérant à Rome. Dépouillé de sa terre, ce paysan a gardé cependant, avec sa „liberté personnelle", des „qualités morales qu'on chercherait en vain chez les voisins", car „les Moldaves n'ont rien perdu de ce caractère originaire qui se révolte contre toute oppression nouvelle". Et ils les montre prêts à protester contre tout accroissement de leurs charges, à dénoncer les abus des „ispravnics", à venir, quelle que fût la distance, devant le tribunal du prince lui-même pour lui présenter des doléances qu'il doit nécessairement écouter. „Ils haranguent", dit le spectateur journalier de ces belles scènes fières et patriarcales, „avec une éloquence d'autant plus persuasive qu'elle a toute la simplicité des inspirations de la nature, sans manquer des ressources de l'art. On ne peut se présenter avec une contenance plus modeste. Ils attendent, les yeux fixés sur la terre, qu'on leur ordonne plusieurs fois de parler. On dirait qu'ils n'ont ni l'usage, ni le courage d'exprimer leurs pensées. Mais cet embarras étudié est bientôt suivi d'un flux de paroles, tantôt prononcées avec une volubilité prodigieuse, tantôt soutenues d'un ton pathétique, et toujours accompagnées d'un geste expressif et d'une physionomie pleine d'intérêt. *J'avoue que cette tradition de l'ancienne liberteé romaine est une des choses auxquelles je m'attendait le moins et qu'il m'a été le plus doux de trouver à quatre cents lieues de Rome et à dix-huit siècies de Cicéron*".

Et d'Hauterive repoussera avec indignation ces reproches „de paresse et de friponnerie, qui sont encore faits, par les intéressés du pays même et par les ignorants de l'étranger, aux paysans roumains. On dit la même chose du paysan polonais, qui subit une oppression sociale plus pesante encore, mais qui — ajouterons-nous — n'est pas agravée par les demandes incessantes de l'étranger rapace. Le Moldave campagnard n'entend pas s'épuiser pour le profit d'autrui et, en outre, il ne veut pas s'embarrasser, dans ses fréquents changements de domicile, à la recherche d'une terre plus riche et d'un maître plus doux, par le poids même de ce qu'il aurait accumulé et conservé. Ces laboureurs opincitres d'aujourd'hui, ces pâtres infâtigables du dix-huitième siècle ne sont pas des fainéants. „Quand l'indolence est volontaire", s'exprime avec raison notre auteur, „elle n'est pas toujours un vice. Ici elle est une ressource". Et il n'oublie pas de mentionner en connaisseur. donc en ami — ce qui est la même chose — une „activité qui s'accom„mode aux circonstances", „une patience „sans bornes dans les maux nécessaires", „une gaité qui ne se dément pas dans la pauvreté et les vertus domestiques qui rendent cette pauvreté heureuse", une hospitalité inimitable dans son abondance et sa délicatesse, „une politesse qui est attachée aux formes de leur langage et qui, par conséquent, durera toujours".

Comme la religion ne représente pas ici les moyens de vivre d'une caste et les intérêts de son ambition, ni même les tendances d'un système tendant à absorber toute la vie morale des hommes, mais bien une simple „partie de l'éducation domestique", familiale, les prêtres ne se distinguent de leurs ouailles, en quittant l'église, que par leurs vêtements, et parfois, dans les villages, ce caractère distinctif même manque presque complètement. Ces bons curés pauvres et modestes „donnent l'exemple de la patience et de l'industrie : ils sont les meilleurs époux, les meilleurs villageois de la province", étrangers aux querelles aussi bien qu'aux plaisirs coupables du cabaret. Il faut en distinguer cependant les habitants des riches fondations monastiques, dont le cas est agravé par leur caractère d'étrangers, appartenant pour la plupart à l'avide clergé grec, exploiteur de l'Orient orthodoxe entier; ils traitent le couvent où ils s'établissent, grâce aux actes de dédication dûs à des fondateurs qui voulaient seulement mettre leur création sous la tutelle vénérée des Lieux Saints, en tyrans, „comme une conquête“, et cumulent avec cette qualité celle d'agents d'une propagande politique étrangère (1).

Les marchands et artisans n'ont pas un caractère exclusivement national et parfaitement défini. L'auteur ne s'occupe de cette classe que pour formuler des critiques et proposer des remèdes dont nous nous occuperons plus tard. Les boïars, au contraire, solliciteront, même pour définir leur rôle et découvrir leurs usages, l'attention de ce penseur politique.

Ils se distinguent de leurs collègues valaques par des goûts casaniers et patriarcaux, par leur grand amour pour la vie de campagne, où ils sont des „monarques“, par plus d'économie, donc de richesse, par une liberté plus étendue à l'égard du prince que leur envoie, sans les consulter, la Porte, par „un plus grand attachement aux anciennes mœurs, un caractère plus austère et moins de penchant pour cette civilisation européenne, qui“ — dira ce représentant de la „philosophie“ occidentale —, „quand elle n'opère pas un effet brusque et total, ne fait qu'ajouter de

(1) P. 146 et suiv.

nouveaux vices aux anciens, qui introduit dans les goûts des hommes de différents âges et de différentes conditions un schisme qui tend surtout à discréditer l'autorité paternelle et civile et rend enfin les hommes moins vertueux, sans les faire devenir plus polis (1)". Mais déjà une „corruption naissante" attire vers cette Cour malfaisante, qui demande de si grands sacrifices pour des satisfactions si vaines et si passagères : simple „avantage de défigurer son nom et d'ajouter un trait de plus au chiffre de sa signature". Et, à mesure que Jassy sera la capitale des ambitieux, des jouisseurs et des étrangers qui leur fourniront le décor de leur situation, la campagne, désertée, s'apauvrira, perdant peu à peu „ses clôtures bien soignées, ses beaux haras, ses villages bien entretenus, ses campagnes bien cultivées " l'ancienne bonté compatissante du maître et l'ancienne fidélité dévouée du paysan (1). Quant aux femmes, qui, selon l'avis de notre écrivain, n'auraient jamais adopté le vêtement de mollesse énervante des Orientaux, „elles ont conservé la sévérité des mœurs de leur climat, elles sont toujours infiniment plus modestes que leur costume, et", ajoutera-t-il, comme pour remplir un devoir délicat, „je n'aurais pas fait cette observation, si elle ne servait à relever le mérite de leur vertu" (2). Ce qui n'empêche pas ce

(1) Pp. 176—178.

costume d'avoir les désavantages enlaidissants et engourdissants que signalait Carra (3).

D'Hauterive déplore ensuite l'abandon,—sous la poussée de cette langue grecque que „les bons vieux boïars ne parlent que par une condescendance respectueuse pour le prince" et du français „à la mode", — de ce langage „moldave" dont il est en état, non seulement d'aprécier la simplicité énergique, mais de découvrir même les vraies origines dans le lointain jargon guerrier des fondateurs de Rome, qui se serait conservé dans les accents rustiques des laboureurs de l'Empire plus que dans ceux de la foule des villes, au lieu de résulter d'une décadence populaire.

On a relevé avec raison ce beau chapitre de philologie comparée, d'une clairvoyance vraiement étonnante : le comparer avec le balbutiement calomniateur de Carra, un contemporain, placé dans des conditions meilleures, c'est lui attribuer sa valeur entière (1). La hardiesse des conceptions de cet esprit ouvert va si loin, qu'il demande l'emploi de l'alphabet latin au lieu des lettres cyrilliques dont les pays roumains devaient cependant se servir pendant quelques dizaines d'années encore ; il croit même que certains sons ambigus, pour lesquels on avait eu des signes qui ont contribué à les perpétuer, disparaî-

---

(1) Pp. 182—184. (2) P. 244. (3) P. 248.

tront au plus grand profit des voyelles claires venant de Rome primitive.

Mais ce mémoire, qui avait été demandé peut-être par le prince lui-même, avait avant tout le but de proposer des réformes. Il sera utile, pour connaître aussi bien l'état des Principautés que les qualités d'esprit de l'auteur, de s'y arrêter un peu plus longuement.

Ses considérations sont celles d'un économiste d'instinct et de vocation, et en effet d'Hauterive avait rédigé son ouvrage pour fixer ses opinions dans un domaine si cher à la pensée réformatrice du siècle. Il reconnaît que l'aspect désolant de certaines parties du pays est dû seulement au „déplacement" de ceux qui veulent échapper aux dévastations des armées aussi bien qu'aux réquisitions des postillons et des agents princiers qui accompagnent et défrayent les voyageurs de marque. Mais il sait bien qu'il y a un fort courant d'émigration et il en redoute les conséquences ; pour rémédier au mal il propose de maintenir le montant actuel des impôts sans ruiner surtout par la surprise des charges nouvelles des paysans qui ne produisent que ce qu'il faut pour leur propre entretien et pour les besoins connus de l'État, de ne pas créer au profit de tel ou tel boïar des situations locales plus avanta-

(1) Pp. 248 et suiv. Cf. p. 268 et suiv.

geuses, du ne pas changer trop fréquemment les fonctionnaires, de modérer les prétentions de la Porte, entretenue par ces malheureux habitants.

Le paysan lui-même doit être enrichi, et il faut penser aux moyens d'encourager un accroissement normal de la population. Les Tziganes, qui présentent „l'indépendance la plus absolue dans un entier esclavage et la jouissance de tout dans l'exclusion de toute prérogative civile", doivent être affranchis, en commençant par ceux dont on constatera les souffrances endurées, mais sans se presser, et en les préparant d'abord pour une liberté dont ils ne sauraient autrement que faire.

La politique du gouvernement à l'égard des étrangers doit être pleine de précautions aussi sages que patriotiques. Il ne faut pas se montrer si accueillant à l'égard de ceux qui, comme les Juifs et les Allemands, n'apportent que des métiers d'une utilité douteuse, des moyens d'accroître, avec le luxe, la dépense de la classe riche, et ne donnent naissance à aucun commerce d'une valeur supérieure à celle des peaux de lièvre que lesdits Juifs vendent depuis quelque temps en Galicie.

Leurs privilèges d'exemption, conservés avec jalousie par les consulats, qui en profitent, contribuent à rendre pesants pour la société ces intrus. Il faudrait préférer des Hollandais, des Saxons, des Vénitiens, des Livournois et même ces bergers de Milan dont s'était occupé Carra (1). Les fleuves moldaves, sans être réunis par un canal, ainsi qu'on en avait le projet, devraient être préparés pour devenir des artères d'un commerce plus vaste. Enfin il faut empêcher à tout prix l'invasion de ces étrangers qui exploitent le pays sans y séjourner au moins, de ces exportateurs perpétuels des produits du sol moldave — on oublie cependant l'argent qu'ils y ont laissé : il ne faut pas tolérer plus longtemps un état de choses qui fait des indigènes des importeurs, allant chercher, sous la protection des consuls, „des colifichets à la foire de Leipsick", et des étrangers les agents ordinaires de l'exportation.

De pareilles mesures auront aussi des conséquences favorables dans le domaine politique. Les amateurs de „révolution", qui veulent remplacer le maître turc par un autre, abandonneront leurs projets pernicieux. Et d'Hauterive se met à examiner les profits et les pertes que ce nouveau maître lui-même pourrait avoir par suite de l'annexion des Principautés : il serait incapable de vendre des articles qu'il ne fabrique pas et de gagner à une exportation moldave dont il n'a pas

(1) P. 132.

besoin; en même temps, les contributions ne serviront qu'à accroître les revenus de quelque gouverneur despote, que la lointaine capitale de l'Empire ne pourra pas contrôler. Sans compter la soif de revanche qui animera la Turquie et les dangers politiques et économiques du voisinage immédiat avec ce concurrent perfide, ne pouvant être retenu par aucun traité d'alliance, qui est l'Autriche (1).

CHAPITRE VII

La Révolution française et les Roumains

Le grand mouvement révolutionnaire qui partit de France en 1789 n'exerça pas immédiatement et sérieusement, une influence sur ces habitants des Principautés que tous les voyageurs, les Français, dont nous avons analysé plus haut les récits, les Anglais, comme lady Craven, les Allemands de Russie, comme Reimers et Struve, les Anglais comme Baltimore, et enfin les sujets de l'Empereur, comme Karaczay et Boscovich, Raicevich et Sestini, avaient compatis pour le malheur d'être eux aussi soumis à des „tyrans“. La classe qui aurait pu proclamer les nou-

(1) P. 223 et suiv. D'Hauterive recommande au prince trois seuls personnages moldaves dignes de sa confiance, parmi lesquels le Métropolite (pp. 198—200).

veaux principes et entreprendre la lutte pour leur assurer la victoire n'existait pas sur le Danube, au-dessus de cette masse de paysans dont le mécontentement, amorti par la longue durée des souffrances, ne s'était manifesté que dans des troubles passagers, sans cette énergie consciente qui est en état de les transformer dans un mouvement révolutionnaire voulu et suivi. Quant aux boïars, le nombre de ceux qui, sans faire encore des études en Occident, lisaient avec passion les journaux de Paris, de Hollande, d'Allemagne, que faisaient venir les agents consulaires d'Autriche — le „Mercure de France", entre autres, — ou bien les romans, parfois frisant l'immoralité, qu'envoyaient des libraires orientaux de Vienne, comme les frères Markidès Poullio, — des Roumains de Macédoine, du nom de Puliu-Puiu, — s'accroissait sans cesse. Un Grec qui avait passé quelque temps en Valachie, Alexandre Kalphoglou, nous présente le type, nouveau, du jeune noble, beau parleur et dépensier, qui se vantait de ne plus fréquenter les églises, de ne pas croire à la religion de ses pères et de connaître les écrivains français, de Voltaire à Mirabeau lui-même, dont certainement, ils n'avaient lu que des fragments sans importance (1). Mais il y avait des lecteurs sérieux qui connaissaient la *Hen-*

(1) „Annales de l'Académie Roumaine", année 1916.

riade, les ouvrages des récents poètes lyriques, qui se procuraient, en fait d'ouvrages dramatiques, Destouches et Beaumarchais, de même que Racine, dans la belle édition elzévirienne de Berlin, qui admiraient la grande éloquence française dans les sermons de Bossuet, de Bourdaloue et de Massillon et qui, accumulant dans leurs bibliothèques des ouvrages d'histoire, s'extasiaient devant les hauts faits des Grecs et des Romains et avaient des rêves d'avenir en feuilletant les „Révolutions", de Suède, de Portugal, etc. Certains d'entre eux, comme Georges Balş, donnaient en marge, ce qui prouve l'assiduité qu'ils apportaient à leurs lectures, l'équivalent roumain ou grec du mot français, plus rare, qui les avait arrêtés (1). D'autres, comme Vârnav, travaillaient avec zèle aux premières traductions de français en roumain, et ils trouvaient un goût particulier à communiquer aux amis les mystères de la franc-maçonnerie dévoilée (2). Tel Grec donnait une version du „Memnon" de Voltaire, et le Métropolite de Moldavie, Jacob Stamati, né en Transylvanie, n'hésitait pas à publier dans son imprimerie archiépiscopale de Jassy un des romans français à la mode, traduit par un anonyme, „Critile et Andronius".Les me-

(1) *Ibid.*

(2) Notre „Histoire de la littérature roumaine au XVIII-e siècle", II, p. 438; „Histoire de la littérature roumaine au XIX-e siècle", I, p. 121 et suiv.

sures prises pour les écoles par Constantin Mourousi, prince de Moldavie, et Alexandre Ypsilanti, de Valachie, faisaient, avant 1780 encore, une place à l'enseignement de la langue de Voltaire l'excommunié auprès du grec indispensable et du bon latin orthodoxe de l'ancienne méthode (1).

Pour se rendre compte, du reste, des conquêtes de l'esprit de critique et de renversement, il suffit de feuilleter tel recueil de poésies légères, rédigées en grec, mais qui formaient la lecture favorite de la société entière à Jassy et à Bucarest. On y verra les traits acerbes qui sont lancés contre les „boïars de première classe", les faux „patriotes" habillés d'or et fiers de leurs situations et de leurs titres, mais qui manquent complètement de tout sentiment pour la misère du prochain et pour les devoirs du citoyen envers la communauté dont il fait partie. „C'est par des actes d'injustice", lui crie-t-on, „que tu gagnes, et tu suces sans remords le sang des malheureux. Tu n'as pas honte de ravir entièrement tant de sommes au public, sommes qui ont été rassemblées pour quelque usage utile... Comment peut-il être nommé boïar du premier sang quelqu'un qui est de fait un traître envers sa patrie? Pourquoi invoquer avec orgueil le nom de tes parents? Il ne faut le

(1) Hurmuzaki, XIV, à cette date.

pas le faire si tu n'est pas doué personnellement de vertu. Te sens-tu quelque propension à ne pas être injuste envers le pauvre orphelin? Ta main est-elle secourable pour l'étranger et la veuve, et la voit-on aider le bien public? C'est en cela seulement que réside la noblesse; la généalogie seule ne la compose jamais" (1).

Mais, lorsqu'il s'agissait d'une propagande politique, ces boïars cultivés et désireux de ressembler aux nobles de la nouvelle génération en Occident se bornaient à demander à l'Europe entière le retour aux anciennes conditions d'une autonomie qui ressemblait plutôt à l'indépendance. Leur programme contenait seulement la diminution des charges qui pesaient sur leur patrie, une plus grande liberté de commerce, la stabilité des princes, qui ne devaient plus être changés presqu'annuellement, le droit d'entretenir une milice indigène, l'éloignement des étrangers, des Grecs qui venaient dans la suite du maître et la protection des Puissances chrétiennes, surtout de celles qui n'avaient pas intérêt à se saisir des territoires du Bas-Danube. Telles furent leurs demandes au congrès de Focşani en 1780 et plus tard à chaque nouveau

(1) „Annales" citées, p. 799; „Bulletin de la section historique".

moment dans les relations entre la Russie et la Porte. A l'appui de leurs prétentions, ils invoquaient des traités de fabrication plus ancienne ou toute récente.

Comme on le voit, ces nobles se tenaient, comme les États des Pays-Bas ou les nobles de Hongrie dans leur opposition contre l'Autriche, sur le seul terrain des droits acquis, des privilèges confirmés solennellement, de la tradition historique. La nouvelle métaphysique des „idéologues" ne leur en disait guère. Ils voulaient bien un pays libre, même un seul pays roumain, mais, dans cette patrie refaite et rehaussée, ils entendaient être, non seulement les premiers, mais les seuls facteurs politiques, — eux, les boïars.

Les Principautés manquaient aussi de cette catégorie des „intellectuels" sans argent, sans situation, souvent sans foyer, qui, après avoir sollicité une pension ou obtenu un emprunt, réclamaient à hauts cris la suppression de toute inégalité sociale. Les écrivains du temps, historiens et poètes, étaient ces mêmes boïars à l'horizon borné par les frontières mêmes de leur classe. Ou bien des maîtres d'école, des membres du clergé, pour la plupart grecs, qui ne se sentaient pas, comme les moines, les prêtres roumains de Transylvanie, ayant fréquenté comme étudiants les cercles de Vienne et de Rome, des aspirations „philosophiques", mêlées à des espérances nationales.

L'évêque de Râmnic, Césaire, demandait bien — nous l'avons déjà dit — qu'on lui envoyât l'„Encyclopédie", mais il n'y cherchait que l'information. Un „ecclésiarque" de son diocèse, Denis, auteur d'un „chronographe", se représente la Révolution d'une manière burlesque, les douze „boïars" conseillers du roi de France ayant déposé leur maître par ambition (1). Et quelq'un qui avait passé un certant temps en Italie et était en état de traduire des traités de géographie et d'astronomie, Amphiloque, évêque de Hotin, parlait en 1795 des événements de France dans ces termes: „On prétend que, depuis deux ans, le peuple de France se serait soulevé, demandant la liberté et ne permettant plus au roi de le gouverner; on ajoute même qu'on l'aurait expulsé de son trône. Mais, comme nous ne connaissons pas la vérité, pour ne pas nous exprimer avec légéreté, nous ne parlerons que des anciennes coutumes" (2).

Il y avait cependant un élément révolutionnaire, en dehors de ces Polonais qui, en 1793,

---

(1) Papiu, „Tezaur", III.
(2) „Annales" citées, p. 805; „Bulletin" cité (en préparation).

passèrent, d'entente avec le représentant de la République à Constantinople, le citoyen Verninac, pour y préparer la guerre contre la Russie. Ces révolutionnaires, ayant absolument le cachet de leurs coreligionnaires d'Occident, appartenaient à ce monde grec, qui, pour des raisons de commerce, était dispersé à ce moment à travers l'Europe entière. Au moment où Constantin Stamati, qui avait voulu être consul de France à Bucarest, assistait à Paris même comme spectateur aux grandes journées sanglantes de la Révolution, où Coraï adressait des lettres sur les mêmes troubles à son ami, le chantre de Smyrne, un jeune Macédonien, Rhigas, originaire de Velestino et ancien secrétaire du boïar Brâncoveanu, du baron grec Kirlian de Langenfeld et du consul de France à Bucarest, agitait parmi les membres, riches et actifs, de la colonie grecque de Vienne, qui comptait aussi des Roumains, originaires des Balcans et des Principautés, parmi ses membres, et, alors qu'il composait son hymne de la liberté hellénique, pour expier bientôt ses péchés à Belgrade sous la hache du bourreau, le secrétaire Panaïotis Kodrikas, qui savait à peine écrire un billet en français, recevait de son ami Stamati des rapports fréquents sur les progrès de l'œuvre de délivrance.

Mais les relations entre ces secrétaires grecs des princes, qui devaient se trouver plus tard, eux-mêmes ou, comme c'est le cas de Kodrikas, leurs descendants, une situation en France — et les boïars, qui seuls auraient été en état d'initier un mouvement politique, étaient trop faibles, les distinctions entre les classes étaient trop nettement fixées sous l'ancien régime roumain, pour que les sentiments des uns eussent pu provoquer l'action des autres. On se borna à Bucarest — et seulement dans cette capitale valaque — à discuter les événements d'Occident dans les rares cafés pour la plèbe étrangère, et encore le gouvernement intervint pour mettre fin à ces conciliabules qui avaient l'air de conspirations. La population accueillit avec ironie les manifestations isolées des adeptes grecs de la Révolution, et le refrain de la *Carmagnole*, l'énergique „vive le son du canon", devint en roumain *filfison*, epithète dont on gratifiait les personnes ayant un aspect peu sérieux et une prétention bizarre à l'éloquence.

Il faut tenir compte aussi de ce fait que le passage des armées de la République, qui était le meilleur moyen de propagande, manquait dans ces régions du Sud-Est européen, où la Révolution n'avait pas de revendications à présenter, ni des ennemis à combattre. Les Principautés ne furent pas même mêlées aux événements guerriers qui changèrent de plus en plus l'aspect de l'Europe politique jusqu'à ce que, en 1806, les Russes, qui craignaient de manquer au partage, passèrent le Dniester, sous le prétexte d'une violation de traité par les Turcs, comme ayant remplacé avant le terme de leur règne des princes suspects de trahison. Dès ce moment le sort de ces États tributaires devint un des soucis de la diplomatie seuropéenne.

Mais Napoléon, qui réglait le partage de territoires, ne s'était pas préoccupé et ne se préoccupa jamais du caractère national des populations qui les habitaient: elles formaient pour lui un simple moyen de compensation dans ses calculs politiques.

Aussi n'hésita-t-il pas à reconnaître leur annexion par le Tzar, qui s'était fondé en prenant cette décision sur les arrangements conclus à Tilsitt. Plus tard, lorsque sa politique prit un autre pli, il était tout disposé à en faire cadeau à l'empereur François, devenu son beau père. Quant aux Roumains, le grand conquérant avait pris dans leur imagination frappée par l'inattendu de ses victoires le caractère d'un héros de pure légende. Ce pauvre clerc de Râmnic, Denis, le représente combattant comme les héros de l'Iliade, à la tête de ses Français, dont il avait fait les preux de ses aventures gigantesques. En vain un grand-duc russe cherche à réprimer son élan; l'Empereur par la grâce de son génie s'élance sur un canon, et il tient tête aux masses ennemies en „rugissant comme un lion". La victoire ne pouvait pas être refusée à celui qui la cherchait par les grands moyens des guerriers d'Homère. Il est, du reste, de la race, un Grec, un „Rhomée"...

Et aussitôt la chanson populaire s'empare de son nom pour plaindre plus tard: „Napoléon Bonne-Part (Bunà-Parte) qui gît dans la terre lointaine". Si des récits plus réels de ses exploits furent imprimés en roumain, on le doit à des éditeurs de Pest, où la typographie de l'Université hongroise publiait à son profit des opuscules en lettres cyrilliques; des planches grossières accompagnent ces pages, dont le contenu est traduit, sans doute, de l'allemand. Et, enfin, nous avons trouvé des journaux manuscrits, racontant au fur et à mesure les événements qui étaient, du reste, discutés avec vivacité entre boïars et consuls, avec intervention du Métropolite moldave lui-même, Benjamin Costachi, un saint homme, qui s'attira, dans une pareille discussion sur les bulletins de la grande armée, les épithètes de „brigand, assassin, coquin" de la part de Hammer, l'agent autrichien.

Des écrivains français plus récents prétendent cependant qu'il y eut à un moment donné un mémoire de la part des boïars des deux Principautés, un Démètre Ghica, un Grégoire Brâncoveanu, un Sturdza, un Beldiman, pour demander à l'Empereur la création dans sa nouvelle Europe d'un État roumain uni, destiné à servi d'appui à la „France en Orient"(1). Si jamais on arriverait à en trouver ces preuves, ce serait sans doute un incident important dans la politique napoléonienne. Jusqu'alors on ne peut pas cependant se défendre du sentiment que des assertions aussi circonstanciées et précises doivent avoir une base réelle. Mais, si la chancellerie de Napoléon adressait à l'occasion des lettres aimables à ceux des Grecs qui, comme drogmans de la Porte ou comme princes dans les deux pays, jouissaient de la protection française en servant les intérêts de l'Empire, il ne voyait rien de moldave ou de valaque, d'autant moins de roumain dans leur qualité politique. La Turquie seule le préoccupait et les instruments grecs qu'un pouvait employe pour la dominer.

Lorsque, en 1812, la guerre contre la Russie éclata, le Tzar s'empressa de négocier la paix avec le Sultan Mahmoud, fût-ce même au prix d'abandonner une partie quelconque de sa dernière conquête sur le Danube, qu'il ne pouvait plus défendre avantageusement par les armes. On lui demanda l'évacuation complète des Principautés, alors

(1) Élias Régnault, „Histoire sociale et politique des Principautés Danubiennes", Paris 1855. Et il n'est pas le seul témoin.

qu'il était disposé à se retirer au-delà de la ligne du Séreth. Napoléon fit de son mieux pour empêcher une entente. Le Sultan, sacrifié à Erfurth, devient son très bon ami, auquel il promettait, dans les termes d'emphase qu'il croyait appropriés aux goûts littéraires de l'Orient, aide et secours. Le nouvel ambassadeur, Andréossy, devait venir à Constantinople pour arranger les affaires des Turcs incapables de lever encore une armée.

Mais l'émissaire de l'Empereur tarda assez longtemps pour que la patience et la lenteur proverbiales des Turcs en fussent exaspérées. Il fallut céder aux offres pressantes d'Alexandre I, qui avait chargé l'amiral Tschitschagov de lui rapporter la paix à tout prix. Le 28 mai 1812 de l'ancien style, la paix de Bucarest reportait la frontière entre les deux Empires du Dniester au Pruth, et le Tzar annexait, sous le nom, impropre, de Bessarabie, lié historiquement au seul territoire tatar au-dessus des bouches du Danube, ces vastes contrées fécondes formant une bonne moitié de l'ancienne Moldavie. Sans l'annexion formelle, admise et provoquée même, peut-être, par Napoléon, cette perte aurait été évitée au territoire autonome des Roumains, dont la Porte n'avait guère le droit de disposer. Mais la chanson roumaine n'en voulut rien savoir : longtemps après Waterloo même, la race sacrifiée continua à chanter le triste sort de celu qui „gît dans la terre lointaine".

CHAPITRE VIII

Relations culturales entre la France et les pays danubiens et leurs effets politiques jusqu'à l'avènement de la Monarchie de juillet

Mais pendant ce temps les relations devenaient plus étroites entre la littérature française du dix-huitième siècle et les pays roumains, qui, sortant du moyen âge, préocupé uniquement de théologie et de chroniques, sentaient de plus en plus le besoin d'une nouvelle poésie, correspondant aux idées et aux sentiments dont journellement ils se pénétraient.

Il ne faut pas faire une place trop large dans cette œuvre de pénétration aux émigrés, aux épaves humaines de la Révolution, aux proscrits de l'Empire, qui ne furent ni aussi nombreux, ni aussi actifs qu'on se l'imagine. Si un marquis Beaupoil de Saint-Aulaire vint offrir ses services comme secrétaire auprès du prince Constantin Ypsilanti, fils de cet Alexandre qui avait été servi dans cette même qualité par d'Hauterive et par l'abbé Lechevalier, archéologue et auteur d'un Voyage en Troade, ce „ministre des affaires étrangères" de Valachie, qui aimait les titres redondants, n'avait cure de contribuer à faire connaître ces écrivains qui formaient la gloire la plus pure et la plus humaine de sa patrie. Dès le commencement du XIX-ème siècle, du reste, on ne retrouve plus ni précepteur, ni secrétaire auprès des Phanariotes, qui employèrent désormais les élèves grecs de la France, dont ils prisaient beaucoup plus la discrétion et les connaissances politiques. Les Français qui furent agréés comme professeurs à l'école grecque de Bucarest, une vraie Université hellénique, entre autres un Lejeune, qui donna la traduction annotée des „Observations" de Raicevich sur la Valachie, ne furent pas des agents de cette influence de civilisation qui trouva d'elle-même ses voies. Les voyageurs sont rares, et ils ne donnent que des scènes sans importance, des chapitres d'amour léger avec quelque Catinca valaque, comme le comte de Lagarde, qui passa par Bucarest pour se rendre en Russie. Et, en ce qui concerne ce Georges Bogdan, qui étudiait son droit à Paris à la même époque, il ne rapporta de France rien de cet amour pour les idées nouvelles qui pouvait en faire un auxiliaire de la régéneration roumaine.

Du côté des Roumains, si un grand boïar comme Dudescu, riche à millions et garni de châles d'une valeur inappréciable, arrivait à Paris dans sa calèche toute pleine de sucreries orientales, ce voyage, un simple incident, n'a que la valeur restreinte d'un bizarre fait-divers dans la vie sociale parisienne. Plus tard seulement, après 1830, un Roumain de Transylvanie, fils de paysan, esprit étincelant d'intelligence espiègle et malicieuse, Jean Codru Drăguşanu, tour à tour valet de chambre d'un voyageur princier, ami d'une grisette charitable, préposé à un cabinet de lecture et compagnon d'un noble étranger en train de s'instruire, écrira des lettres de France pleines d'une rare et singulière compréhension. Les premiers traducteurs d'ouvrages français en roumain dans la seconde moitié du dix-huitième siècle se mirent au travail en même temps que les Grecs, pour la plupart établis en Occident, qui enrichirent en quelques années leur littérature de bons ouvrages, surtout dans le domaine des sciences, de la philosophie et de l'éducation („Le Jeune Anacharsis" eut deux traductions). Ils étaient cependant, comme boïars dont le voyage à l'étranger était regardé avec méfiance et même empêché par le gouvernement — les Ghica séjournèrent cependant à Vienne vers 1812 — dans une situation inférieure à ces autres traducteurs, qui, en outre, avaient fait de la connaissance des langues occidentales leur métier comme secrétaires et professeurs, ou bien qui s'en servaient, comme marchands, pour leur relations d'affaires. Les maîtres de langue sa-

(1) Sa femme était bien connue par son luxe sous le régime du Règlement Organique.

lariés par les princes n'avaient pas la permission de donner des leçons en ville : on peut bien le voir par le contrat, que nous avons publié (1), conclu entre une dame de Belleville et le prince Scarlat Callimachi, dont elle se chargeait d'élever les filles. Et ces pauvres leçons de géographie, d'histoire ancienne et moderne, de mythologie n'étaient guère suffisantes pour former un esprit vraiment cultivé, capable de s'attaquer aux grandes difficultés que présentait la traduction dans une langue encore un peu rebelle des principaux ouvrages de la littérature française. La première grammaire française fut donnée par un Roumain d'outre-monts, Georges Gérasime Vida, qui avait fait des études à Pesth ; on ne conserve pas même en manuscrit d'essai dans ce genre fait par quelqu'un de ces précepteurs français.

Et, quant à la colonie française, plus importante à Jassy, elle se composait de fabricants—de faïences, comme Nicoletti, à l'époque de Carra, ou, comme Lincourt, qui essaya d'une fabrique d'huile une trentaine d'années plus tard—, auxquels s'ajoutait, pour l'entretien du consul, un nombre prépondérant de Juifs galiciens, sujets de la France ; la condition sociale des premiers les écartait du commerce social avec les boïars, qui les auraient

(1) Hurmuzaki, X, Appendice.

acceptés tout au plus comme maîtres de langues.

Nous ne parlerons pas même du rôle des officiers des armées d'occupation, surtout des Russes, qui employaient le français, dit-on, pour s'entendre avec les indigènes; ils parlaient très souvent, plus souvent même, l'allemand et on a essayé des dialogues italiennes à leurs usage (1).

C'est donc à l'école supérieure grecque, fondée par les princes phanariotes, que les boïars apprirent leurs français. Ils le connaissaient si bien que le boïar Constantin Conachi écrivit avant 1800 des vers dont la facture aussi bien que le contenu, didactique, philosophique et sentimental, larmoyant, rappelle l'école de Delille, qui, il faut le dire, s'était rapproché dans sa jeunesse de ces contrées, ayant été employé un moment à l'ambassade de France à Constantinople, du temps où André Chénier grandissait dans la maison des Lomaka, famille à laquelle appartenait sa mère. Le contemporain valaque du poète, Ienăchiță (Jean) Văcărescu, bien qu'il parlât le français, était un disciple de l'école italienne. Mais, parmi tous ces nobles roumains passionnés de littérature française, le plus actif fut Alexandre Beldiman, un Moldave,

(1) Hurmuzaki, X.

qui donna tour à tour, tout en peinant à la traduction de l'Iliade, des versions roumaines des *Ménechmes* de Régnard, de l'*Oreste* de Voltaire, des romans de Florian, comme *Numa Pompilius*; il traduisit aussi „la Mort d'Abel", pastorale du même auteur.

Un jeune écrivain, formé à Vienne et en Italie, Georges Asachi, employa Florian aussi pour son idylle de „Myrtile et Chloé", avec laquelle commence, de fait, le théâtre moldave. Et après Beldiman le mouvement fut continué, avec les boïars qui s'étaient acquis la plupart des connaissances par leur propre labeur, un Basile Drăghici, dont on conserve encore dans une église de Jassy la modeste bibliothèque, un Jean Buznea, qui traduisit dans un doux langage naïf „*Paul et Virginie*", un Pogor, qui osa s'attaquer aux solennels alexandrins de l'„Henriade", plus tard un Emmanuel Drăghici, dont le choix s'arrêta aussi bien au Code de commerce qu'au premier traité de cuisine inspiré par le modèle français.

Comme on le voit, les principaux représentants de ce courant destiné à donner aux Roumains une lecture nouvelle, qui était aussi de provenance italienne, parfois même allemande, mais surtout de provenance fran-

(1) Madame Cottin trouva un traducteur dans Conachi lui-même.

çaise, sont des Moldaves: le programme de l'école de Jassy, sa fréquentation assidue par les enfants des nobles, leur désir d'apprendre les sciences à leur source même l'expliquent suffisamment. En Valachie, où les leçons de français commencèrent beaucoup plus tard, sous le prince Caragea, après 1812, il fallut le zèle d'autodidacte d'un instituteur de Craiova, Grégoire Pleşoianu, pour avoir des petits livres de lectures morales empruntées à la littérature française, et il publia aussi une grammaire de cette langue.

C'est tout ce qu'on avait au moment où une réforme complète de la vie roumaine fut décrétée et accomplie par cette loi nouvelle du Règlement Organique, qui fut discutée pendant quelques années dans des comités de boïars, moldaves et valaques — Conachi était du nombre —, convoqués par le président plénipotentiaire russe, général Paul de Kissélev. Dans ce régime de fonctionnaires, auxquels devait se mêler la classe des boïars, conservée seulement dans ses rapports avec les fonctions, dans cette savante organisation d'une hiérarchie de bureaux, dans ce simulacre d'Assemblées délibératives, le décalque

(1) Le Règlement parut aussi en français, de même que, plus tard, le Code civil de Moldavie. Comme secrétaire de la commission fonctionna un Français, Coulin.

des institutions françaises est manifeste. En 1821, la révolution grecque, partie des principes de 1789 plutôt que du principe national, tel que nous l'entendons aujourd'hui, avait suscité dans les Principautés, théâtre de ses premiers exploits malheureux, un mouvement populaire, de paysans, conduit par un petit-boïar d'origine villageoise, Théodore (Tudor) Vlădimirescu, qui imita l'organisation des Serbes pendant leur guerre de libération. Il fut tué au milieu de sa carrière. Mais, aussitôt après, lorsque les Turcs, indignés contre la mauvaise foi de leurs auxiliaires grecs, eurent abandonné l'usage de confier à des Phanariotes les trônes des Principautés, lorsque les premiers princes indigènes, un Sturdza pour la Moldavie, un Ghica pour la Valachie, eurent repris la tradition des gouvernements indigènes, les boïars lecteurs de journaux français se muèrent en *carbonari* et commencèrent à fabriquer les chartes constitutionnelles, dans lesquelles on confondait tous les souvenirs des constitutions européennes dues à l'époque de la Révolution : régime représentatif, séparation des pouvoirs, organisation bureaucratique, libertés publiques, — tout cela, bien entendu, à l'usage exclusif des boïars, grands et petits. Cela dura presqu'une

(1) D'autant plus que même après 1821 les leçons de français s'étaient conservées, avec le professeur transylvain Erdeli, à l'école nationale

vingtaine d'années, et le dernier résultat fut cette constitution, votée par l'aristocratie, contresignée par Kisselev, modifiée à Saint-Pétersbourg et promulguée sans aucune observation par la Porte.

Le régime „européen“ demandait la connaissance générale des idées et des sentiments de cette Europe qu'on prétendait imiter, sur les ruines de tout ce qui avait été bon ou mauvais dans l'ancien régime, à force de protocoles et de griffonage administratif. La nouvelle école secondaire, qui devait tendre vers un enseignement supérieur, origine des Universités de Jassy et de Bucarest, eut nécessairement des chaires de français. Et des Français vinrent, bientôt, comme professeurs publics ou comme fondateurs de pensionnats, se consacrer à la diffusion de leur langue dans cette société qui en était si avide, en même temps que des femmes, même des Polonaises, des Italiennes, des Alemandes, s'établissaient comme directrices d'écoles privées ou comme simples institutrices, dans les familles. J. A. Vaillant fut le plus important et le plus zélé parmi ces propagateurs de la civilisation française: appelé dans le pays par le grand-boïar Georges (Iordachi) Filipescu, qui ne quitta jamais l'ancien costume et les coutumes de sa jeunesse — il vivait encore, unanimement respecté, pendant la guerre de Crimée —, en janvier 1830, il était en 1838 directeur de l'école secondaire de St. Sabbas; sa grammaire française, son dictionnaire remplacèrent bientôt la brochure modeste de Pleșoianu (1). En Moldavie, un Maisonnabe eut plus tard la direction de l'enseignement, et le pensionnat de Cuénim, Chefneux et Bagarre, conduit vers la fin par Victor Cuénim seul, fut fréquenté par les enfants des premières familles, par les fillettes aussi bien que par les garçons.

C'est à ces écoles qu'on doit la première génération des Roumains cultivés qui posséda en effet et d'une manière générale cette langue française qui devait les introduire, non seulement dans la connaissance tant désirée des sciences — les premiers boursiers roumains à l'étranger, un Jean Pandeli, mathématicien, un Euphrosyne Poteca, théologien et philosophe, avaient cherché directement cette connaissance à Paris, et on a conservé les demandes naïves posées par ce dernier au professeur Arago—, mais aussi et surtout celle de la nouvelle littérature romantique.

Aussitôt les traductions apparaissent. En Moldavie, elles sont dues à des élèves qui ne les ont pas publiées, ce travail étant considéré comme un simple thème; la littérature française entière en forma les objets.

---

(1) Voy. aussi Gr. B. Ganesco, „De la Valachie", p. 103 et suiv.

Les ouvrages des écoliers se rencontrent aussi à Bucarest, où un de ces jeunes gens fit imprimer le „Philosophe indien“ de Chesterfield, qu'il avait connu dans une version française.

Mais dans la capitale valaque l'œuvre difficile de donner en roumain les meilleurs produits de l'esprit français à travers les siècles trouva un admirable organisateur et un des collaborateurs les plus zélés dans le directeur du périodique qui devait provoquer et entretenir l'intérêt d'un public de trois cents lecteurs, pour lequel il était éditeur et typographe. C'est un des grand mérites qui fixent à Jean Eliad, qui se fit appeler plus tard aussi Rădulescu, une des premières places dans le développement intellectuel de notre pays.

Il connut Byron par des versions françaises et il traduisit une partie des „Méditations poétiques“ de Lamartine, sans pouvoir rendre cependant dans les syllabes lourdes de sa version la fluence ennivrante de l'original. Il donna plus tard aussi un recueil de nouvelles romantiques. Autour de lui se rassemblèrent des boïars, qui n'étaient pas toujours très jeunes: Iancu Văcărescu publia une traduction en vers du „Britannicus“ de Racine; d'autres, simples dilettants, présentèrent à un public encore insuffisamment préparé, mais d'une intelligence très vive et d'une puissance d'adaptation tout à fait remarquable, une partie des comédies de Molière—*l'Amphytrion* avait été traduit par Eliad lui-même—et d'autres pièces, plus faciles, qui étaient nécessaires au théâtre nouvellement fondé par une association de nobles, „la société philharmonique". L'„Atala" et le „René" de Chateaubriand parurent à la même époque en roumain. Une Ghica, la mère de Dora d'Istria, donna une partie du livre de M-me Campan sur l'éducation; plus tard Negulici et d'autres y ajoutèrent la traduction des ouvrages, de même contenu, de M-me de Genlis et d'Aimé Marfin. Toute une bibliothèque fut formée ainsi en moins de dix ans.

La meilleure traduction d'un ouvrage français parut cependant en Moldavie, où Constantin Negruzzi, dont les nouvelles, très soignées comme style, ressemblent aux récits de Prosper Mérimée, trouva le moyen de reproduire la fluidité aérienne des vers de Victor Hugo dans les „Odes et ballades".

Restait cependant à accomplir une œuvre de beaucoup plus difficile: créer une littérature roumaine originale ayant comme source d'inspiration, et non comme modèle d'imitation servile, cette littérature romantique de la France nouvelle. Elle pouvait prendre ses sujets dans la vie nationale elle-même, dans le charme mystérieux des anciennes ballades, dans les terreurs des contes de revenants, dans le souvenir des glorieux combats livrés par les ancêtres pour défendre contre l'envahisseur cette terre roumaine mille fois trempée du sang de ses martyrs, dans les espérances du moment et dans l'élan vengeur d'une société indignée contre les abus et l'oppression. Le premier qui y réussit fut un élève de Vaillant, qui, n'ayant, comme Eliad, connu encore la France, ne devait pas même, comme lui, la voir plus tard, après s'être pénétré de son esprit. Grégoire Alexandrescu, né dans une famille pauvre de Târgovişte et abrité pendant quelque temps dans la maison d'un Ghica, plus tard enfin officier de cette armée dont Cârlova avait été le premier poète aux larges rêveries guerrières, toutes empreintes des réminiscences de l'histoire, fut, en même temps, le créateur de la fable roumaine aux tendances politiques, vibrante d'actualité, cinglante d'ironie, et l'évocateur heureux des grandes figures héroïques qui surgissent impressionnantes à son appel. Plus tard seulement les chansons populaires seront recueillies par un Alexandre Rousso, élève des écoles françaises de la Suisse, et par cet étudiant revenu de Paris qu'était à ses débuts le grand poète Basile Alexandri.

L'influence française dominait dès ce moment même la littérature roumaine de la renaissance nationale.

CHAPITRE IX

La monarchie de juillet et les Roumains

Les premiers étudiants roumains à Paris ne rapportèrent pas des tendances politiques, mais seulement les connaissances dont ils avaient besoin pour la carrière à laquelle on les avait destinés en leur donnant le moyen de s'entretenir, ou bien celles qui pouvaient leur servir dans leur carrière politique et sociale. Pandeli, dont il a été question plus haut, se suicida pendant le cours de ses études ; le prêtre Poteca traduisit plus tard des écrits de philosophie et de morale sans aucune note polémique contre l'état des choses actuel dans son pays. Des deux fils du logothète Démètre Bibescu, qui devaient être princes de Valachie sous le régime du Règlement, Barbe Stirbey (Ştirbei) fit des études dans une institution privée, et Georges Bibesco (Bibescu) fut promu docteur en droit; ils n'empruntèrent à la France des premières années de la Restauration que le sens de l'ordre et, surtout en ce qui concerne Stirbey, le goût pour le travail utile au pays.

Une nouvelle génération devait chercher à Paris autre chose que des excellentes leçons de spécialité ou un vernis social de qualité supérieure. Jean Ghica en revint, non seulement comme un esprit enthousiaste pour les beautés de la nature dont il connaissait désormais les secrets, mais aussi coume un penseur politique dont la mesure n'excluait pas une croyance ferme dans la nécessité des libertés publiques et dans le devoir de faire vivre chaque nation de sa propre vie. Bien que Michel Sturdza, prince de Moldavie, eût défendu le séjour de Paris à ses enfants et à son protégé, qui devait être le grand historien et homme d'État Michel Kogălniceanu, —il signait au début: de Kogalnitchan—, les confiant à l'abbé Lhommé, leur ancien précepteur, pour leur faire suivre les cours du lycée de Lunéville, bien qu'il les eût envoyés ensuite à Berlin, où il n'y avait pas à craindre l'influence des courants pernicieux, Kogălniceanu écrivit, non seulement en français, mais dans un esprit français, son histoire des Roumains, parue à Berlin en 1834, et les tendances de son activité politique ne sont pas certainement prussiennes, fût-ce même dans le sens supérieur de Ranke, un de ses maîtres. Élevé entièrement à la française, et à Paris même, Basile Alexandri, fils d'un très riche boïar de création plus récente, s'y forma vers 1840, dans une atmosphère tout à fait romantique et, de retour dans son pays, il broya toutes les couleurs de la fantaisie légendaire et historique pour donner dans ses premiers recueils de poésie, sous des noms roumains, avec les souvenirs et les usages moldaves, une édition nouvelle, presque flamboyante, du romantisme, aussi bien d'après Lamartine, dans ses lamentations, que d'après Hugo, dans ses ballades. Et, avec Rousso, dejà mentionné, et d'autres d'une moindre valeur, Jassy eut aussi sa pléiade de poètes aux longues boucles et aux cravates insultantes pour le bonhomme, qui était ici le vieux boïar à pelisse et bonnet de peau de mouton, plus respectable que ne le croyaient ces mauvais garnements qui devaient être pourtant la gloire littéraire de leur pays et parmi ses chefs politiques les plus populaires. La „Dacie littéraire" de Kogălniceanu, qui tendait surtout à la réalisation de l'union morale, condition nécessaire de la réunion politique des pays roumains, puis la „Feuille scientifique et littéraire" de Ghica, de Kogălniceanu et d'Alexandri et enfin la „Roumanie littéraire" de ce dernier furent les organes de cette jeunnesse. Sous sa conduite et grâce au répertoire de comédies de mœurs qu'elle sut bâcler d'après les modèles français dont on garda l'échafaudage entier, le théâtre national de Jassy, très fréquenté, devint la principale scène du pays. Eti l faut ajouter que ce même théâtre, sous la direction d'un Français, donnait pour une autre partie de la saison des représentations françaises avec des artistes importés de France.

Dans ces conditions la vie sociale elle-même devait prendre pour les classes riches et cultivées un aspect plutôt français. Déjà vers 1830 Faca, un jeune boïar valaque, avait bafoué dans ses „Francisées“ le ridicule de ces dames des faubourgs qui se croyaient obligées à exhiber des modes soi-disantes de Paris et à entremêler leur conversation de mots français plus ou moins estropiés. Plus tard Alexandri lui-même représenta, dans sa „Cocoana Chiriţa („M-me Kiritza“), la femme du fonctionnaire de province qui, dans un jargon bariolé, se targue de ses manières, de ses idées et de ses voyages et entend faire dans ce même sens l'éducation de son enfant, le jeune Guliţă. La critique venait aussi de la part des étrangers qui ne se bornaient pas à admirer la puissance d'assimilation de ces bons Valaques, et le précepteur suisse Kohly de Guggsberg recommandait une éducation moins servile, plus pénétrée du sens des réalités et plus utile aux nécessités du pays.

Et, pendant ce temps, la France elle-même n'accordait aucun intérêt au pays qui avait inspiré à d'Hauterive des pages toutes étincelantes d'originalité et d'esprit. On pourrait objecter qu'elle s'était repliée sur elle-même pour se refaire après ses malheurs. Mais la faute en était d'abord à ses représentants dans les Principautés, les consuls. Les premiers consuls de France ne furent établis, à Bucarest et à Jassy, qu'après les succès de la Révolution française, car la royauté avait refusé jusqu'au bout de nommer des agents dans les Principautés, malgré les avantages de commerce évidents, ces pays ayant un surplus de matières premières et la France envoyant vers le Danube des tissus de soie, des galons et d'autres fabrications de luxe. Les candidats qui s'offrirent au gouvernement de la République avaient des recommandations peu sérieuses, comme ce Constantin Stamaty dont il a été question plus haut. Émile Gaudin, qui joua ensuite un rôle pendant le Directoire, fut plus heureux. Mais ni lui-même, ni ses successeurs n'étaient des personnalités tant soit peu distinguées.

En outre, ils n'avaient pas du tout la mission de s'intéresser aux conditions politiques dans lesquelles vivaient la Moldavie et la Valachie, de chercher à connaître les besoins et les vœux de ces provinces. Simples fonctionnaires sans connaissances spéciales et d'une intelligence modeste, ils se bornaient à défendre contre une administration souvent abusive leurs „Juifs français", nés en Galicie ou en Levant, et à faire dans leurs rapports le journal des événements, grands ou petits, qui se passaient sous leurs yeux. Quelquefois ces rapports gagnaient un intérêt particulier par des querelles de préséance ou d'autre nature, que ces représentants, dont le caractère s'était abaissé après la chute de Napoléon, avaient avec les agents du pouvoir.

Il en fut ainsi jusqu'à l'avènement de Louis-Philippe. A ce moment, en 1830, des changements importants intervinrent dans les relations de la France avec les pays de la rive gauche du Danube. D'un côté, le traité d'Andrinople avait permis la libre exportation des grains roumains vers l'Occident, et les ports de Galatz et de Brăila, délivrée de sa garnison turque, prirent bientôt un grand essor. Des vaisseaux grecs et autrichiens se rencontraient avec ceux qui portaient les pavillons de la Sardaigne, de l'Angleterre et de la France. Les ports du royaume y envoyaient déjà en 1830 quelques embarcations.

De l'autre côté, la France relevée de ses ruines par le régime de paix de ces rois de la branche aînée des Bourbons qu'on venait de renverser commençait à manifester un nouvel intérêt pour les grands problèmes politiques de l'Europe, dont faisaient partie les affaires d'Orient. Elle devait aller si loin dans la protection accordée à Méhémed-Ali, vice-roi d'Egypte, qu'une guerre générale fut sur le point d'éclater, guerre dans laquelle le parti de la bourgeoisie nourrie des souvenirs de la Révolution voyait la revanche, nécessaire, des anciennes défaites. Or qui se mettait en peine, et d'une manière si sérieuse, pour l'Égypte, devait étendre bientôt son intérêt à la situation de la Turquie entière, et dans cette situation l'essor national des Principautés formait un élément de troubles qu'on ne pouvait pas ignorer.

Déjà en 1832 de Bois-le-Comte, plus tard ambassadeur en Suisse, fut chargé d'une mission en Orient, qui comprenait aussi l'étude de la situation politique dans les Principautés. Il employa trois ans à recueillir ses renseignements. On en a tiré ces lignes, d'un haut intérêt, dans lesquelles il assure que le vœu le plus chaleureux des boïars éclairés et patriotiques est l'Union des deux pays roumains sous un prince d'origine étrangère, qui ne fût ni autrichien, ni russe. Peut-être pensait-il à un des fils de Louis-Philippe, bien que rien de positif ne vienne à l'appui de cette hypothèse, qui cadre cependant avec la politique de famille poursuivie avec persévérance par le roi des Français.

Telles étaient les circonstances au moment où, en 1839, les fonctions de consul général, créées en 1834, furent confiées, après la retraite de l'honnête Cochelet, à un personnage ambitieux et entreprenant, plein de confiance dans ses vues et dans ses talents, aussi

---

(1) Voy. Sturdza, „Acte şi Documente". — Sur de Bois-le-Comte, Billecocq, „Le nostre prigioni", I, pp. 167—170 et p. 135.

hardi pour s'attaquer à n'importe qui aurait voulu contrecarrer son action, Adolphe Billecocq, ancien agent en Suède et secrétaire d'ambassade à Constantinople. Il voulut être dans cette société rassasiée des abus de la Turquie, impuissante à la défendre, et pleine d'appréhensions en ce qui concerne les intentions de la Russie, dans ce monde façonné depuis une génération à la française, le confident de toutes les aspirations, le conseiller de toutes les incertitudes, l'appui de tous les efforts vers un avenir de liberté et de nationalité.

Et, malgré les défauts de son tempérament, que l'âge devait exagérer jusqu'aux fureurs les plus ridicules, il arriva un moment à l'être. Il connaissait la langue du pays, où il avait pensé même à se marier (1) et il avait entretenu les relations les plus étroites avec tous ceux qui y jouèrent un rôle. Naturellement désireux d'étendre l'influence de sa nation, il ne voyait encore dans la Russie que la Puissance protectrice ayant des droits dont elle devait se prévaloir pour mettre fin aux exactions et aux abus. S'il fait semblant seulement de contester, dans un écrit rédigé en 1847, que le Tzar ait eu, à l'époque où fut rédigé le Règlement Organique, l'intention

(1) „Le nostre prigioni", I, p. 215.

d'annexer les Principautés, auxquelles il entendait donner, avec le concours des meilleurs parmi les boïars, une vraie Constitution dans le sens occidental du mot, s'il écrit ces lignes simples et claires: „Aucune Puissance, dans des circonstances analogues, n'a donné un si noble exemple de générosité que celui offert par l'Empereur Nicolas, pendant la guerre de Turquie, dans ses larges et bienfaisants desseins en faveur des Principautés et de leur avenir", s'il reconnaît l'excellence du noble cœur „de cet illustre monarque" et „la générosité de son caractère", si Kissélev est pour lui un „législateur et organisateur à larges tendances et, en même temps, un administrateur économe, actif, poli et bienveillant", partant entouré des bénédictions, après avoir fini son œuvre bienfaisante, il croit, de fait, que les choses ont marché mal sous une législation politique qu'il juge cependant appropriée aux conditions spéciales du pays. Et la faute en est aux princes indigènes. Alexandre Ghica, bien intentionné, montre de l'indécision et de la faiblesse. L'Assemblée, qui s'élève contre l'influence russe, qu'elle juge trop absorbante, manque d'intelligence, de gratitude et de me-

---

(1)*La Principauté de Valachie sous le Hospodar Bibesko par B. ***, ancien agent diplomatique dans le Levant*, 2-ème édition, Bruxelles 1848, pp. 24, 30.

sure. La Russie, en tout cas, a la responsabilité d'avoir donné comme successeurs au comte Kissélev des hommes nerveux et autoritaires, qui n'avaient pas le sens de la situation. L'opposition systématique faite par Georges Bibesco au prince et l'attitude peu amicale du nouveau consul, Dachkov, trouvent seules la désapprobation de Billecocq, qui reconnaît lui-même avoir été considéré comme le principal, le seul conseiller du Hospodar. La chute de Ghica lui paraissait un événement fâcheux, et l'élection de Bibesco, — à laquelle il assista aux côtés du consul de Russie — un vrai malheur pour le pays, dont il devait annuller, par ses actes, la constitution (1). Il n'aimait pas plus la jeunesse qui faisait ses études en Occident et dans laquelle il ne pouvait se décider à voir autre chose qu'une joyeuse bande „qui fait son tour d'Europe pour gagner les éperons de dandy et de lion, et nullement pour s'instruire sérieusement“, et, quant aux intellectuels, ils ne sont pour lui qu'„un essaim de soi-disants lettrés intelligents, puérils et vains“, qui s'amusent à chasser les lettres cyril-

(1) Au premier scrutin avait été élu le vieux Filipescu, au second Emm. Băleanu ; „Le nostre prigioni“, I, pp. 178—9. Voy. „La Valachie“, etc., p. 121. Alexandre Ghica lui disait qu'il avait „remis dans le salon un consulat qu'il avait dû ramasser dans la rue“.

liques, à détester les étrangers, à parler de l'origine romaine et des exploits de Michel-le-Brave et à rêver d'indépendance. Le peuple roumain lui-même n'est, à son avis, qu'un de ces „peuples morts à toute idée d'ordre et de légalité, croupissant dans la misère de la plus grossière ignorance et sensibles à l'unique aiguillon de la force brutale". Les relations du consul de France avec le prince au „type bohémien" devinrent si tendues que ce dernier en porta plainte, en 1846, devant Guizot, qui était à ce moment ministre des Affaires Etrangères à Paris. Billecocq fut remplacé en février 1846, et le duc de Broglie soutint la cause de Bibesco, ce qui ne finit pas ces tribulations, car on alla jusqu'à rompre les relations sociales avec lui et à lui faire, à tort où à raison, amener le pavillon. Il avait été question un moment de lui donner pour successeur Ferdinand de Lesseps, qui refusa; on se décida enfin pour Doré de Nion (1).

Aussitôt Billecocq se mit à rédiger un écrit polémique d'une saveur très amère contre celui dont il avait été l'adversaire et au-

(1) P. 53. Billecocq se reconnaît presque l'auteur du pamphlet; „Le nostre prigioni", I, pp. 144, 181; cf. p. 339 et suiv; II, p. 167 et suiv.—Voy. la lettre par laquelle Nion est accrédité, dans notre *Revista istorică*, I. Cf. Billecocq, loc. cit., p. 103 et suiv. et „Le nostre prigioni", I, pp. 261—264.

quel il attribuait avec raison sa destitution. Déjà Bibesco lui-même s'était adressé à l'opinion publique, de France et d'ailleurs, en faisant rédiger par un confident, le docteur Piccolo, ancien censeur impérial russe à Bucarest (1), un écrit intitulé „Paul Kissélev et les Principautés de Moldavie et de Valachie par un habitant de Valachie", et plus tard il fit imprimer un autre pamphlet, assez venimeux, „De la situation de la Valachie sous l'administration d'Alexandre Ghica" (Bruxelles 1842). Le factum de l'ancien consul, qui signait seulement par ses initiales, B. A. ***, comprend les idées ci-dessus exposées et il finit par un appel chaleureux à l'intervention du ministère de Saint-Pétersbourg, „qui poursuit en Orient une pensée civilisatrice" (2).

Billecocq ne s'arrêta pas là dans son œuvre de rancune. Exaspéré par la fin de non-recevoir opposée à ses mémoires par ceux auxquels il s'était adressé pour obtenir satisfaction contre la mesure qui l'avait dépouillé de son poste, il arriva à se croire

(1) M. V. Bogrea me signale une *Anthologie grecque* du même, qui, dédiée à Grégoire Ghica, prince de Moldavie (1853), mentionne aussi (p. XV) „la sollicitude persévérante et les encouragements du prince Georges Bibesco".

(2) Une correspondance dans le sens de Bibesco serait insérée dans le *National*, 3-e trimestre de 1842 („Le nostre prigioni", p. 187, note).

persécuté par tout le monde et exposa ses souffrances, réelles et imaginaires, dans deux gros volumes, pleins de lettres et d'autres pièces, qu'il intitula „Le nostre prigioni". Cette fois il était le plus grand ennemi de la politique russe en Orient et du protectorat et il attribuait son remplacement à l'influence que le Tzar aurait exercée, par le moyen de la princesse de Lieven, sur la résolution de Guizot. Leverrier qualifiait cet immense factum de: „questions de personnes terriblement insipides par le temps qui court".

Mais ce consul acariâtre et rancunier, qui représentait évidemment les intérêts de la famille rivale des Ghica, n'était pas l'homme qu'il fallait pour établir entre les siens et les Roumains, auxquels il reconnaissait cependant le rôle d'„avoir formé autrefois, avec les Polonais et les Hongrois, cette muraille d'airain qui préserva l'Occident de l'invasion mongole ou turque", cette liaison étroite qui aurait donné aux Principautés une garantie solide de leur avenir et à la France le seul allié fidèle et permanent qu'elle pouvait avoir en Orient, où elle entendait reprendre désormais le grand rôle qu'elle avait joué depuis François I-er. Au lieu de représenter cette littérature, cette vie française qui s'étaient gagnées une situation prépondérante, grâce seulement à l'instinctif attachement des boïars du dix-huitième siècle et à l'introduction de la langue française dans le programme des écoles phanariotes, il se mêlait aux intrigues des boïars acharnés à se combattre pour pouvoir se remplacer dans les hautes dignités et sur ce siège de vassalité qui avait toutes les apparences d'un trône sans en avoir les plus hautes et les plus dignes prérogatives (1).

La colonie française ne pouvait pas malheureusement faire par elle-même ce qui devait être inauguré et poursuivi par l'initiative et l'activité de son chef le consul. Il y avait bien parmi les *soixante* personnes qui la composaient des hommes vraiment honnêtes et utiles au pays, comme ce docteur Tavernier, qui se gagna des mérites dans la campagne contre le choléra en 1831, et qui devait être mêlé bientôt dans une intrigue politique qui finit par le détruire. Mais la plupart étaient attirés uniquement, d'après le témoignage de Billecocq lui-même, par „l'extrême modicité de la vie matérielle", à Bucarest et dans le pays entier, qui devenait par cet avantage „une sorte d'Eldorado à un tas de gens perdus de misère et d'ignominie". Au moment où les Français déjà mentionnés donnaient une éducation saine et so-

(1) „Vous avez été", disait-il à Bibesco, „l'ennemi passionné de mon ami le prince Ghica" („Le nostre prigioni", I, pp. 74—75).

lide à la jeunesse moldave, où la comtesse de Grandpré, veuve d'un capitaine de vaisseau, fondait une bonne école de jeunes filles à Jassy, où l'ingénieur Còndemnie commençait une grande exploitation de forêts snr les terres du boïar Stirbey, où enfin l'aide-de-camp des princes Ghica et Bibesco était un vicomte de Grammont, de traditions légitimistes et auteur d'un écrit destiné à défendre ses protecteurs, il y eut des „domestiques et cuisiniers français", des prêtres défroqués, des comédiens et des ouvriers, des polytechniciens détraqués par leur vice et capables de crimes contre leur amis et élèves, qui s'abattaient comme „instituteurs" sur ce „sol nourricier, où personne n'est mort de faim"(1). Un condamné pour faux, le comte d'Abrial, se cachait à Jassy sous le beau nom de Monsieur de Saint André, et un Monsieur de la Maisonfort, qui se disait „lieutenant-général du roi de Lahore", joua de son prestige en Orient avant de l'effrayer par ses crimes (2).

Le seul qui, dans cette petite société, où il y avait tant de transfuges et de naufragés, pouvait servir par son activité littéraire comme facteur de rapprochement entre la

---

(1) Ibid., pp. 70, 73—74 et suiv., 115 et suiv., 124 et suiv., 128 et suiv.

(2) Ibid., pp. 90 et suiv., 184.

France lontaine et ce pays latin du Danube était Vaillant. Il commit la grave erreur de se laisser conquérir, sinon par la méprisable politique des partis de famille et de clique, qui déchirait les deux Principautés, mais surtout la Valachie, au moins par ces sourdes agitations nationales qui troublaient les provinces chrétiennes du Sultan, préparant un avenir de liberté aux Grecs et aux Slaves. Les agissements des Bulgares à Brăila, où ils provoquèrent un vrai mouvement insurrectionnel destiné à leur fournir les moyens d'envahir la Dobrogea turque, les ambitions démesurées du vieux cnèze serbe exilé à Bucarest, Miloch Obrénovitsch, les penchants pour la conspiration de tel boïar remuant comme Michel Filipescu ou de quelque écrivains en mal de jouer un rôle politique, comme Eliad, le gagnèrent. Il dut quitter la Valachie, où il avait vécu et travaillé — lui et sa femme, directrice d'un établissement d'éducation pour les jeunes filles, — pendant de longues années. Il chercha vainement par trois fois à se faire pardonner son péché, en paraissant à Bucarest (4). En 1844, définitivement retiré à Paris, il y publiait un écrit d'une grande importance pour la popularisation de la cause roumaine, „La Romanie".

---

(4) Voy. aussi „Le nostre prigioni", pp. 370—378.

Il n'entendait pas donner seulement une description de la principauté valaque, une exposition sommaire de son histoire, des notes d'ethnographie et de folklore, plus quelques anecdotes courantes — selon la recette, à très bon marché, de tous les touristes littéraires —, mais bien renseigner le public français sur la vie entière de cette nation roumaine unitaire, dont la Valachie formait seulement un des territoires politiques. Il s'occupe aussi des Moldaves et, pour la première fois, des Roumains de Transylvanie, qu'il nomme, d'après le terme national servant à désigner ce pays d'esclavage, l'*Ardeal,* d'où *Ardialiens* (en roumain : *Ardeleni*).

Et il essaya le premier ce nom de *Romanie,* correspondant à notre *România,* pour désigner toutes les régions dont les habitants s'appellent *Roumains (Români)* et nomment *roumaine* leur langue. La nouvelle école littéraire de Kogălniceanu, d'Alexandri, la génération enthousiaste des romantiques, rêvant de cette grande patrie libre qui n'a pas encore été fondée, se servit du terme,—qui, du reste, était dejà employé officiellement pour la principauté de Valachie (*România* au lieu de *Ţara-Românească, Terra Romanica,* l'ancienne dénomination historique) —, et des Français qui ne tenaient pas autant que ce bon Vaillant à rappeler l'origine romaine, latine de la nation, en firent ce nom bâtard de Roumanie (basé peut-être aussi sur la prononciation populaire: *Rumân, rumânesc*) qui resta.

Il faut retenir ces deux faits: que le premier écrivain étranger qui s'occupa de notre nation entière, reconnaissant son caractère unitaire et parfaitement uniforme, fut ce professeur de français à l'„école nationale de Saint-Sabbas“, qui s'intulait aussi, avec orgueil, „fondateur du collège interne de Bucuresci *(sic)* et professeur à l'école gratuite des filles“, et, secondément, qu'il risqua le premier ce nom de Roumanie qui devait avoir un avenir, celui d'hier, et en aura certainement un autre, plus grand encore, mais tout aussi légitime: celui de demain.

Ce que nous voulons mentionner, de ce livre étendu, composé de trois volumes assez amples et contenant l'histoire ancienne et l'histoire moderne de la Dacie, des „Romains de la Dacie“, la description pittoresque, parfaitement ressemblante, du territoire et des considérations sur la langue, c'est seulement la partie qui concerne ces „Ardialiens“, ces Roumains de Transylvanie, dont le sort était alors un sujet de réflexions mélancoliques pour les poètes et les penseurs avant de devenir une des principales préoccupations des diplomates.

Vaillant admet résolument la continuité de l'élément roumain dans la Dacie, malgré l'évacuation purement administrative et militaire accomplie par ordre de l'empereur Aurélien, vers 270. Il apporte même des arguments nouveaux et qui n'ont pas été remarqués pour la prouver. „Nous avons perdu“, dit-il à ses co-nationaux, „le Canada, la Louisiane, etc., mais la majeure partie de nos colons y sont encore. Pourquoi donc, parce que les temps sont loin, vouloir qu'il en fût autrement aujourd'hui ? Le sentiment de la propriété n'était pas moins fort chez les colons d'un peuple conquérant que chez ceux des nations commerçantes de notre époque“. Il relève ce fait, que des propagateurs de théories nouvelles ont affirmé sans connaître les idées de ce prédécesseur, que les colons fixés par Trajan dans la Dacie étaient „des citoyens qui, victimes de la grande propriété et n'ayant plus depuis longtemps dans leur mère patrie d'autre état que la misère, accouraient dans cette contrée comme dans un Eldorado“ : il aurait été donc bien difficile de les enlever à ce sol qui eut bientôt fait de les enrichir. Une argumentation tout aussi saine lui avait fait comprendre aussi que ces bourgeois, ces exploiteurs de terres, ces soldats dont la retraite leur donnait une modeste propriété gagnée par les efforts d'une vie entière, ne pouvaient pas devenir „tout à coup nomades“, — ces pauvres pâtres errants qui étaient pour le slaviste Miklosich, il y a quelques dizaines d'années, la nation roumaine entière.

Un phénomène d'histoire est invoqué très à propos. Pendant les guerres du XVIII-e et XIX-e siècles livrées entre les Turcs, d'un côté, les Russes et les Autrichiens, de l'autre, sur ce territoire, les boïars, les nobles, les marchands, les fonctionnaires, voire même le prince se retirèrent, de la Valachie et de Moldavie, en Transylvanie ; mais, ajoute-t-il „le prolétaire les a-t-il suivis? Non, pas un seul.“ Et une critique serrée ne néglige rien de ce qu'il faut pour soutenir sa thèse, qui fait de ces Roumains de Transylvanie les descendants directs — il prétend même leur conserver la pureté du sang — des anciens colons venus d'Italie.

Lorsque, après les grandes migrations, les groupes de la population roumaine gagnèrent un aspect définitif, chacun sur sa base géographique propre, Vaillant s'évertue à chercher dans la terminologie mythologique le nom de l'Ardeal—certainement emprunté aux Magyars, qui nommaient ainsi la province conquise par leur roi au-delà des forêts entre 1000 et 1100—, qu'il dérive de Jupiter lui-même. Pour l'infiltration politique des Hongrois, il prête foi à ces anciens chants de guerre, cousus bout à bout et naïvement interprétés par un compilateur magyar qui vivait au commencement du XII-e siècle. Mais il n'admet guère la tendance de cette légende transformée tant bien que mal en chronique ; il observe que la race magyare, fameuse par sa cruauté sans exemple — Liutprand, l'évêque de Crémone, un contemporain de l'invasion, l'atteste aussi dans son „Antapodosis", — est représentée par ce notaire du roi Béla „comme sage et douce", selon les conceptions, tardivement et grossièrement adoptées, de la religion chrétienne. Mais, tout de même, l'esclavage politique des Roumains de Transylvanie a commencé.

Comme tous les historiens jusqu'aux derniers temps, Vaillant admet la fondation de la première principauté roumaine, la Valachie, par des réfugiés de Transylvanie, qu'aurait chassés le prosélytisme violent des rois catholiques de Hongrie, ennemis de la religion d'Orient. On sait aujourd'hui à quoi il faut s'en tenir : la Valachie fut créée par la réunion des différents cercles autonomes, administrés par des juges et des Voévodes, et, loin d'avoir commencé sur le versant transylvain des Carpathes, elle arriva bientôt à réunir à sa nouvelle couronne des fiefs situés dans le Sud transylvain, les duchés de Fogaras et d'Almas, qui durent leur existence aux intérêts politiques des Angevins de Hongrie dans la seconde moitié du XIV-e siècle.

Après la fondation des Principautés, Vaillant ne reviendra plus sur le sort de ces

Roumains de Transylvanie dont il aurait pu mentionner l'aristocratie, de confession catholique comme celle des maîtres, mais gardant pendant des siècles sa langue et ses coutumes, le clergé, auquel les princes roumains du voisinage donnèrent des chefs religieux, des évêques, résidant dans leurs fiefs, apanages et châteaux de Transylvanie, dont il aurait pu présenter la longue lutte sociale, et instinctivement nationale aussi, pour s'affranchir des abus et de l'oppression. L'auteur de la „Romanie" ne connaît que ce grand mouvement de 1437 qui amena, après la défaite des paysans, la conclusion d'une ligue des privilégiés, dirigée contre les manifestations éventuelles du mécontentement de cette plèbe en grande partie roumaine. Il parle cependant largement du grand rôle que joua dans l'histoire de la Hongrie et de la chrétienté entière ce Jean de Hunyad, qui était Valaque par son père aussi bien que par sa mère et qui s'appuya, dans ses efforts réitérés à l'époque de la conquête turque à Constantinople, sur l'organisation des deux principautés roumaines libres, de Moldavie et de Valachie. „On s'étonnera peut-être", dit-il ailleurs, „en reconnaisant un Roman dans Jean Corvin, ce preux des preux, cette colonne inébranlable de la chrétienté". Il croit même que ce régent de Hongrie, père du roi Mathias, était né „en Valaquie, au Banat de

Craiova". Il n'oublie pas de dire que Nicolas Oláh, le grand archevêque de Gran et le principal représentant de l'esprit de la Renaissance en Hongrie, était Roumain, et il cite les termes d'un diplôme solennel qui reconnaît sa nationalité.

La conquête d'une grande partie de la Transylvanie par Pierre Rareș, prince de Moldavie, à partir de 1529, trouve sa place dans le récit. Il croit même que, en 1538, Rareș, sur le point d'être attaqué par le Sultan, aurait espéré l'investiture „de la principauté de Transylvanie de la part de Soliman-le-Magnifique". Et, en même temps, il signale les premières publications roumaines parues en Transylvanie, après 1560, sous l'impulsion de la Réforme religieuse.

Arrivant au grand prince valaque Michel-le-Brave, Vaillant interprète à sa juste valeur le traité qui fut imposé, en 1595, à ce prince et à son voisin de Moldavie par le prince magyar de Transylvanie, Sigismond Báthory, qui espérait, dans son infatuation, pouvoir maintenir dans sa dépendance ces deux pays. La conquête de la Transylvanie par Michel sur André, le cousin et successeur de Sigismond, est racontée de la même manière que dans l'ouvrage roumain de Nicolas Bălcescu, dont Vaillant fut un des professeurs. „Il souffrait", dit-il, „de voir ses frères traités en serfs par les conquérants magyars et les étrangers saxons". Maître des trois principautés, „Michel avait assez de ce gênie civilisateur qui sait conserver les conquêtes, pour constituer en royaume toute l'ancienne Dacie". Et, lorsque la trahlson des nobles hongrois de Transylvanie et les intrigues de la Cour de Vienne lui font perdre sa conquête, lorsque, réconcilié avec Rodolphe II et vainqueur contre Sigismond, rappelé par les siens, il est traîtreusement tué par son camarade, le général Georges Basta, aux gages de l'Empereur, Vaillant consacre ces lignes à la mémoire du héros valaque, dont, à ce moment plus que jamais, le fantôme sanglant hante nos rêves d'avenir: „Ainsi périt à quarante-trois ans, victime d'un lâche assassinat, ce grand homme, qui n'a d'égal parmi ses concitoyens que Jean Corvin et Étienne-le-Grand, qui l'emporta sur le premier par la grandeur de ses vues et le patriotisme de son ambition. Les Ardialiens l'appellent encore leur *roi Michel* et l'*Alexandre-le-Grand.* Il avait rendu de trop grands services à l'empereur pour ne pas être payé d'ingratitude... Michel eut à peine un regret." Et il tire ces paroles de l'écrivain saxon Engel, qui rédigeait son histoire au commencement du XIX-e siècle: „Jetons des lauriers sur la tombe de ce grand homme, car lui aussi a aidé à garantir l'Europe de la barbarie des Turcs. Que l'histoire conserve sa mémoire! Qu'elle dise au monde ce qu'il sut faire de grand avec de si faibles moyens... Qu'elle fasse pressentir à l'Europe ce qu'elle peut attendre du peuple qu'il commandait."

Arrivant ensuite aux deux grandes victoires qui, en 1603 et 1611, livrèrent à Radu Şerban, successeur de Michel, la Transylvanie, il croit que ce prince „eût pu profiter" — sans une nouvelle trahison des Impériaux — „de cette victoire qui faisait trembler la race dominante, afin de réveiller chez la race conquise le sentiment de la liberté et l'appeler à l'union..., d'autant plus facilement que les Romans étaient alors comme aujourd'hui les plus nombreux dans cette province".

Pour le XVIII-e siècle, à peine la mention de la conquête de la Transylvanie par la Maison d'Autriche, de l'union des Roumains avec la confession catholique de l'empereur, qui leur avait promis formellement les droits nationaux dont ils ne bénéficièrent jamais, leurrés et exploités jusqu'aujourd'hui à chaque tournant de la politique autrichienne en Orient.

Vaillant atribue à la littérature roumaine de Transylvanie, fière de l'origine romaine de la nation, le nouvel essor enthousiaste qui saisit les Roumains au XIX-e siècle. Il rappelle le rôle joué dans la tentative de réforme de l'enseignement roumain par „ce vertueux patriote d'Ardiale, M. Nicoresco (1833)", de son vrai nom Moïse Nicoară, originaire du Banat, qui fut aussi un des rares représentants de l'influence française outre-monts (avec Paul Iorgovici, qui visita le Paris de la Révolution).

Il cite, pour montrer la situation des Roumains transylvains, ces lignes du grand publiciste Georges Bariț :

„Il est un fait, c'est que la plupart des Romans d'Ardialie ne sont que des colons soumis à la noblesse ; mais il en est un autre, c'est que les Romans y sont au nombre de 1.200.000", aujourd'hui plus de 4.000.000, „tandis que toutes les autres populations ensemble, Hongrois, Szekler, Saxons, Allemands, y sont à peine 900.000.

„Qu'est-il donc d'étonnant que le servage pèse de préférence sur les plus nombreux ? N'en est-il pas ainsi parmi les Magyars ? Que sont ces nombreux villages de serfs privés comme les Romans de droits politiques, obligés comme eux de travailler 104 jours et plus par an au sillon des propriétaires ? Que l'on cherche dans la patrie de long en large et que l'on me dise si ce n'est pas à la presse romane de défendre les serfs et leurs droit d'homme, puisqu'ils n'en ont pas d'autres non plus que les Romans... Il serait superflu de fouiller l'histoire et de lire les archives de la noblesse; tout le monde sait que l'élite de la noblesse d'Ardialie, pour avoir changé de nom et de costume, n'est pas moins d'origine romane et que les persécutions religieuses sont la seule cause qui lui ont fait abjurer sa foi, oublier sa nationalité et renier son nom pour celui de Magyar. Vajda-Hunyad, Fogaras, le Zarand, Kövár, le comté de Torda sont peuplés de familles nobles romanes qui ne parlent d'autre langue et ne reconnaissent d'autre nationalité que celles que leur ont léguées leurs pères.“

Il faut lire aussi ces pages de son voyage à travers les deux Principautés, dans lesquelles il fait parler un pâtre de Transylvanie, qui se plaint de la situation des siens, tout en ayant foi dans un meilleur avenir. „Eh bien, frère“, lui demande notre écrivain. *„puisque tu es Roman, ne verrais-tu pas avec plaisir la réunion des trois Principautés?“*

Et il constate, à la fin de ses études, dont le résultats ont très souvent, dans les détails, une forte saveur de naïveté, l'état d'esprit des Roumains en 1840 dans ces termes qui paraissent écrits d'hier: „Les Romans de la Dacie tendent à l'union; les hommes d'étude et d'inspiration n'ont là d'autre but que de réunir leurs concitoyens par le souvenir d'une même origine et leur espoir de rattacher à l'aide du temps les diverses provinces qui constituaient jadis la Dacie trajane. Il y a en ceci une haute pensée de patriotisme, qui méritera sans doute l'approbation de tous les cœurs généreux.“

Peu de temps après l'apparition du livre de Vaillant, en 1846, un Roumain de Transylvanie, Auguste Trébonius Laurian (ou Lauriani), donnait un „Coup d'œil sur l'histoire des Roumains“, œuvre très exacte et utile, mais qui fut malheureusement trop peu répandue. Vers cette époque on lisait à Paris, avec l'intérêt que devait inspirer toute action romantique qui se passait dans un pays lointain, un roman de la comtesse Dash, *Michel le Moldave*. Il est question dans ce récit d'un Michel Cantemir imaginaire, qui revenait de France, avec un ami français, pour réunir les membres du parti de l'indépendance roumaine et devenir, contre les Turcs aussi bien que contre les Polonais envahisseurs, roi de la Dacie unifiée. La comtesse avait passé quelque temps eu Moldavie, où elle adopta l'orthodoxie pour devenir la femme de Grégoire Sturdza, fils du prince régnant; une séparation s'ensuivit, et il fallut que la nouvelle mariée d'une si étrange façon abandonnât le pays, où elle essaya cependant de revenir. Sur ses vieux jours, M-me Dash endossait encore pour poser la belle pelisse moldave que lui avait donnée son aucien mari.

Des dessinateurs francais traversèrent à cette époque les pays du Danube. Raffet accompagna le voyageur russe Démidoff, et son crayon, habile à saisir les caractères distinctis des vieux soldats de Napoléon, s'arrêta avec plaisir à esquisser les caravanes de paysans roumains traversant les plaines de Bessarabie, les pittoresques types des deux Principautés, les vastes plaines survolées de cigognes, les villes moldaves et valaques, ressortant avec leurs nombreux petits clochers des vergers et des jardins, les danses naïves du peuple au milieu des foires bondées de foule et jusqu'aux soldats de la nouvelle armée. Dans d'autres circonstances, que nous ne connaissons pas, Michel Bouquet, futur garde de la galerie du Louvre pendant la révolution de 1848, saisit les mêmes caractères de la nature et de la population roumaine, et il nous a laissé dans ses cahiers des documents d'une haute importance concernant les monuments et les costumes.

Mais celui qui connut mieux la terre et la société de ces pays, qui l'apprécia avec plus de sens artistique, qui l'aima avec plus de sincérité et de fidélité et s'empressa le plus à servir une nation qui avait besoin du concours continuel de tous ses amis, fut Charles Doussault.

Il était venu à Bucarest un peu après 1830, sans qu'on puisse connaître le but de son arrivée. Les nouveaux boïars, l'officialité ne lui disaient rien sous leurs masques empruntés à l'Occident. Mais, lorsqu'il aperçut les petites églises des faubourgs, avec leurs cimetières ornés de croix sculptées et leurs vieux acacias sous lesquels le prêtre patriarcal apprenait à lire et à écrire aux petits enfants nu-pieds, lorsqu'il lui fut permis d'entrer dans les vastes cours encombrées de marmaille et de volaille, de gravir les escaliers noirs de vieux bois branlant, d'embrasser le paysage poudré de fleurs blanches au printemps, de la hauteur des balcons aux colonnes délicatement fouillées, de prendre part aux soirées où quelque maître de danse en pelisse orientale faisait exercer de gros garçons gênés et de belles filles rieuses qui feignaient d'ignorer la présence de l'étranger, il fut saisi, comme artiste, d'un étrange plaisir, qui l'excita à noter les différents aspects, d'un patriarcalisme si riant, de ce monde simple et bon, qu'il appréciait plus que la meilleure société du pays. Il alla plus loin, découvrant des villages d'une originalité charmante sous leur toits de chaume autour de la fontaine rustique où les jeunes filles venaient puiser comme aux jours bénis de la Bible et entendant l'écho prolongé de ses pas dans les sanctuaires des anciens monastères, où il déchiffrait les inscriptions, tout en copiant, d'une main sûre, les fresques.

„Les églises en Roumanie“, dit-il, „sont les seuls monuments qui puissent fixer l'attention de l'artiste et de l'archéologue; elles sont nombreuses, et quelques-unes peuvent rivaliser avec les plus célèbres productions de l'art grec et byzantin des plus belles époques. Cet art du Bas-Empire revêt dans les Principautés Danubiennes un caractère élégant tout à fait inconnu en Europe, où les artistes et les savants vont bien loin chercher de nouvelles inspirations si difficiles à rencontrer, même sur les bords du Gange ou du Mississipi (1).“

Ses souvenirs, très précis, parce que le sentiment le plus pur les avait gravés dans sa mémoire, étaient tout prêts pour enrichir la vie qui se dégageait de ses belles esquisses (2). Mais, pour arriver à une publication dans laquelle ces dessins seraient venus ajouter les preuves d'art à l'exposition éloquente des droits d'un peuple avide de liberté, il fallut d'abord que la révolution de 1848 créât un nouveau lien, plus étroit, entre les Principautés et la France (3).

---

(1) „L'Illustration“, année 1857, p. 39.

(2) „L'Illustration“, année 1855, p. 7 et suiv.

(3) Il s'agit de l'*Album moldo-valaque* de Billecocq, qui, comme on le verra, parut dans l'*Illustration* de 1849, bien que la préface soit datée de septembre 1847.

Voy. *Le nostre prigioni*, II, pp. 243, 256 et suiv. Cf. *le Monde Illustré*, année 1874, II, p. 257.

Il faut ajouter cependant que les dessins avaient paru séparément dès 1847 chez les éditeurs parisiens Vibert et Goupil (1) et que Billecocq avait demandé à Jules Janin de faire une préface pour l'édition populaire qu'il projetait" (2).

En 1847 déjà le nombre des étudiants roumains à Paris était si grand qu'ils s'organisèrent dans une société d'éducation et de lecture nationales. La „Bibliothèque Roumaine", installée au numéro 3 Place de la Sorbonne, chez un de ces jeunes gens, Vârnav, comprenait dans son programme des réunions de samedi, dans lesquelles on lisait des pages de l'histoire des Roumains, Un des membres, le frère de Michel Kogălniceanu, écrivait ce qui suit: „Bien que les jeunes Roumains se trouvent loin de leur pays, ils ne l'oublient un seul moment et ils cherchent à resserrer le plus possible leur fraternité, autant ici même que dans le pays quand ils y retourneront". Et, plus loin, ce passage empreint de sagesse: „Nous, qui nous nous trouvons à Paris, ne sommes pas venus seulement pour apprendre à parler le français comme un Français, mais pour emprunter aussi les idées et les choses utiles d'une nation si éclaire et si libre" (2). Une dame

(1) Notre revue „Floarea Darurilor", II, pp. 327—328, 344.
(2) „Étoile du Danube", p. 340.

Greceanu, dont le fils venait de mourir, créa une rente à la „Bibliothèque" (1).

CHAPITRE X

La Révolution de 1848 et les émigrés

La Révolution de février eut après quelques mois un écho à Jassy et à Bucarest. Si dans la Capitale moldave on se borna, sous la conduite de Kogălniceanu et de ce Basile Alexandri, dans lequel Billecocq voyait seulement un „boïar de la Moldavie", prêt cependant à déclarer solennellement qu'il est „Français de cœur et adore la France comme sa propre patrie", à demander l'observation exacte du Règlement Organique, contre les abus du prince, Michel Sturdza, il y eut dans la Capitale valaque un attentat contre le prince Bibesco, des démonstrations violentes, une insurrection formelle et, à la suite de tous ces troubles, un régime républicain qui dura jusqu'au mois de septembre.

Un des chefs de cette République, professeur respecté et écrivain de réputation, fut Eliad, qui jouissait d'une certaine popularité au milieu d'une bourgeoisie naissante, mais la plupart des coryphées appartenaient à la jeunesse qui avait fait ses études à Paris. Certains d'entre eux quittèrent même les

(1) Billecocq, loc. cit., pp. 335—337, 394—397.

bancs de l'École de droit pour élever à Bucarest le drapeau tricolore de la liberté: ce C. A. Rosetti, dejà connu comme poète, ces frères Brătianu (Bratiano), Démètre, et Jean, et quelques autres „Parisiens" d'éducation (1).

Eliad aurait voulu être le dictateur d'un mouvement qui aurait uni à la liberté des égards pour une conservation sociale presqu'absolue. Les autres avaient les mêmes idées que les meneurs des journées de février.

Un Nicolas Bălcescu, historien de grand renom, qui s'occupait des conditions sociales du pays, un Jean Ionescu, ancien élève de l'école d'agriculture de Grignan, représentaient une nuance de la révolution qui ne convenait pas précisément aux autres, qui ambitionnaient plutôt le rôle de libéraux républicains que celui de transformateurs de l'ordre social. Une commission de la propriété, qui contenait aussi un certain nombre de paysans, fournit seulement l'occasion de faire entendre par les privilégiés les doléances, éloquemment exprimées, de la classe laborieuse, qui offrait de racheter sa liberté; les séances, présidées par Ionescu, furent après quelque temps closes.

Comme la Russie, contre le régime consulaire de laquelle le mouvement était dirigé, sommait le suzerain turc de faire son de-

(1) Le terme appartient à Élias Régnault.

voir contre les rebelles, les membres du gouvernement provisoire, qui avaient emprunté leur titre aux chefs de la révolution parisienne, demandèrent, à Constantinople même, auprès du général Aupick, ambassadeur de France, un appui contre les ennemis des libertés publiques et des droits nationaux. La fameuse déclaration de Lamartine avait présenté la France démocratique comme l'alliée naturelle de tous les soulèvements populaires qui invoquaient le droit des nations à une vie indépendante; les Roumains lui demandèrent la protection de leur cause: ils n'obtinrent du grand poète, qui avait dû quitter sa place, que des assurances de sympathie et des mots vagues d'espérance (1).

Bientôt aux Moldaves qui avaient échappé aux mains de leurs prince, trop pratique pour pouvoir être surpris par les événements, s'unirent dans un exil commun leurs frères de Valachie, pris par les Turcs de Soliman-Pacha, embarqués sur des bateaux de transport et déposés sur la rive hongroise. Ainsi se forma à Paris un groupe d'émigrés „moldo-valaques"—le terme avait été mis en circulation par Billecocq —, dont tous les efforts furent consacrés à faire connaître leur cause nationale.

Il est vraiment étonnant que des jeunes

(1) Billecocq, loc. cit., pp. 388—389.

gens, disposant à peine des moyens nécessaires pour se soutenir et n'ayant auparavant d'autres relations qu'avec quelques collègues d'école et avec certains de leurs professeurs, eussent pu se gagner si facilement dans tous les cercles de la société française, éprise de liberté et de nationalisme, des sympathies et, ce qui est plus, un appui réel et constant. Il serait difficile, avec les documents dont on dispose aujourd'hui, de retrouver le fil de ces attaches, nombreuses et variées. On pourrait cependant fixer des catégories dans les groupes qui se formèrent à Paris.

Eliad vivait à part, entouré de quelques fidèles—les plus importants de ses amis, un Tell, membre du gouvernement provisoire, un Georges Magheru, commandant des troupes de l'Olténie, se trouvant en Turquie,—parmi lesquels Nicolas Rousso (Lăcusteanu) publia un „Supplément“ à l'ouvrage, dont il sera question plus bas, d'Élias Regnault. Perdu de plus en plus dans les nuages de son autolatrie, résumant en sa propre personne ambitieuse et soupçonneuse le passé et le présent de la cause révolutionnaire, portant sur son propre compte un combat acharné contre le Tzar et dénonçant comme suppôts du tyran les jeunes gens rebelles à son autorité, il publiait en français des livres, assez bien écrits, dans le jargon spécial, si plein d'emphase, du romantisme politique, „*Le protec-*

torat du Czar ou *la Roumanie et la Russie (1850)*", „*Mémoires d'un proscrit*", etc., — mais ils étaient lus plutôt par ses adversaires indigènes que par les amis de la révolution valaque.

Nicolas Bălcescu (Balcesco), après avoir passé quelque temps en Transylvanie, essayant au nom du libéralisme international d'un compromis entre Hongrois et Roumains, était venu aussi échouer à Paris, où il cherchait les matériaux pour son Histoire de Michel-le-Brave. Il y publia un ancien mémoire, rédigé pour la Porte, dans la question paysanne, l'opuscule sérieux et solide qui porte le titre de *Question économique des Principautés danubiennes*. Des renseignements supplémentaires furent fournis par un des frères Golescu, Alexandre, dans un écrit d'une moindre importance. Les deux ouvrages trouvèrent un bon accueil dans la presse parisienne, à cause de l'intérêt lié au sujet lui-même.

Il faut rapprocher de la noble figure de Bălcescu celle de Constantin Filipescu, qui, après avoir publié un „Mémoire sur les conditions d'existence des Principautés danubiennes", s'éteignait à Paris, à peine âgé de quarante-sept ans, au mois de juin 1854 (1). Mais Eliad devait se rendre après quelque

(1) Voy. sur lui Ubicini, dans l'*Univers pittoresque*, p. 165, note 1.

temps en Turquie pour être plus près des cercles dont il entendait obtenir le pouvoir qui lui avait échappé à la catastrophe subie par la Révolution, et, quant à Bălcescu, une maladie de poitrine l'envoya d'abord dans le Midi, puis à Constantinople et enfin à Naples, où il succomba avec le regret cuisant de n'avoir pu rentrer dans sa patrie. Jean Ghica devint bey de Samos, gouverneur au nom du Sultan de cette île hellénique, et, s'il publia à Paris, sous le pseudonyme de Chainoi, un écrit sur la „dernière occupation russe“, il ne chercha guère à y gagner des partisans.

Tout autre fut la ligne de conduite des „Parisiens“, des anciens étudiants valaques mêlés au mouvement révolutionnaire. Rosetti, les frères Brătianu, les Golescu, Voinescu formèrent un groupe à part, qui n'avait qu'un souci : délivrer leur pays de la tyrannie des „protecteurs“, reprendre l'œuvre révolutionnaire sans y rien changer, refaire la république démocratique de 1848, avec le concours de la Turquie, s'il le faut, mais contre l'Autriche aussi bien que contre la Russie. Tout en publiant en leur langue une revue minuscule intitulée „la République roumaine“, et des pamphlets d'agitation, destinés à entretenir dans la patrie lointaine la foi dans une victoire finale des idées de régénération, ils pensaient aussi au public français. Démètre Brătianu publiait un des meilleurs mémoires français sur la question des Roumains de Transylvanie, dans ses „Lettres hongro-valaques“, et l'étude de son frère Jean sur „l'Autriche et les Principautés“ est de tout point remarquable. Jean Bălăceanu donnait à la publication française, éditée à Bruxelles, du parti de l'Union des Principautés des articles cinglants contre cette même Cour de Vienne auprès de laquelle il devait servir plus tard, pendant de longues années, la politique de Charles I.

A côté de cette propagande par les Roumains au milieu du public français, il y en eut un autre, beaucoup plus active et ayant un plus puissant écho : celle des écrivains philo-roumains. Lamartine avait accepté dejà avant 1848 la présidence de la société des étudiants „moldo-valaques“. Edgar Quinet avait épousé la fille de l'écrivain moldave Georges Asachi, veuve d'un Mourousi. Asachi même s'était décidé à publier en français et en roumain sa revue „le Glaneur“, à la direction de laquelle il s'était associé un Français, Gallice, appelé à Jassy, à ce qu'il paraît, comme professeur. Déjà en 1843, la „Revue Indépendante“ donnait un article d'Élias Regnault, Français élevé en Angleterre et traducteur de Thomas Carlyle, qui réclamait pour les provinces danubiennes un peu de l'attention qu'on accordait si libéralement à l'Égypte de Méhémed-Ali, et il rappelait l'origine latine des Roumains, le sang celte qu'ils avaient par des infiltrations arrivées jusqu'au Danube inférieur, la participation des chevaliers de France à côté des boïars du prince Mircea, en 1396, à Nicopolis. Ému par les souffrances et le courage de M-me Rosetti, Anglaise et Française d'origine (elle était née Grant), Michelet lui-même avait revêtu dans les plus impressionnants atours de son style la légende du passé roumain et le récit des événements de 1848. *L'Illustration* avait accepté en 1848 la publication de „l'Album moldo-valaque", et le tirage à part trouva un si bon accueil qu'il fallut mettre sous presse une seconde édition.

Les émigrés et leurs amis de France étaient trop peu nombreux pour essayer même de provoquer des événements dans le sens de leurs désirs.

Ces événements venaient cependant d'eux-mêmes. Ce ne fut pas Napoléon III, à peine établi sur son trône, qui pensa á susciter la querelle des moines de Jérusalem, entre Latins et Grecs, ce ne fut pas lui qui essaya le premier d'en tirer un profit politique aux dépens du Tzar, qui rêvait déjà de la protection des Gréco-Slaves vivant dans l'Empire du Sultan, et ce ne fut pas par sa faute que l'occupation des Principautés, la catastrophe de la flotte turque à Sinope et enfin les paroles blessantes de Nicolas I à l'adresse du premier Napoléon rendirent inévitable une guerre qui devait changer la face de l'Orient.

Aussitôt qu'elle commença, les radicaux roumains, ennemis, par principe, de la Russie, commencèrent à s'agiter plus énergiquement. Comme le but des efforts faits par la France et l'Angleterre était de restituer la Turquie dans son ancienne liberté, de reprendre aux Russes la domination qu'ils avaient gagnée aux bouches du Danube, d'annuller leur protectorat sur les Principautés et de fonder sur leur frontière occidentale un état de choses capable d'arrêter leur avance vers Constantinople, les émigrés devenaient dejà les informateurs et les conseillers les plus indispensables des publicistes aussi bien que des diplomates. Ils comprirent leur mission et surent la remplir. Ce fut à cette époque que parurent les principales brochures des émigrés (1) la : presse s'en occupa avec un intérêt d'autant plus vif qu'il était plus nouveau. Les plus grands journaux acceptèrent leur collaboration ou laissèrent au moins pénétrer leurs idées. Une alliance étroite en ré-

(1) Ajoutez : J. Strat, „Un coup d'œil sur la question roumaine“, Paris 1858 ; Bolintineanu, „Les Principautés Roumaines“. Vaillant traduisit un article de Bălcescu dans la „Revue d'Orient“, année 1845.

sulta bientôt entre les jeunes représentants des idées nationales et libérales en France et les proscrits, qui n'en étaient déjà plus à considérer le pauvre Billecocq comme le seul écrivain capable de parler en leur faveur.

Quinet, auquel, au commencement de l'année 1857, les Roumains offraient les moyens de publier ses Oeuvres complètes, donnait une nouvelle édition de son livre sur le passé et les aspirations de cette nation, dans laquelle il avait recueilli laborieusement les renseignements, plus ou moins exacts, que lui avait fournis son beau-père, les assaisonnant à sa manière, dans un style fatiguant par la permanence de son emphase. L'ouvrage, très apprécié en Moldavie et en Valachie, où il eut deux traductions, dont celle par Asachi avait été dûment expurgée, ne resta pas sans influence sur l'opinion publique. Il ne contient cependant ni des faits nouveaux, ni une conception qui appartienne en propre à l'auteur.

L'ouvrage d'Élias Regnault est d'une information plus sérieuse et d'une originalité de beaucoup supérieure. Cette „Histoire politique et sociale“ des Principautés, qui trouva aussitôt un traducteur à Jassy, s'appuie sur une confrontation diligente de nombreuses sources, dont l'auteur sait tirer l'essentiel. L'administration des princes qui se succédèrent sous le régime du Règlement Organique y est exposée, avec des révélations crues et des jugements impitoyables, d'après les écrits de Billecocq et probablement aussi d'après des rapports dipiomatiques communiqués par ce dernier. Bibesco y apparaît comme un ennemi de son propre pays. Quant aux coryphées de la Révolution, si les jeunes sont présentés avec une légère nuance de satire, comme „un peu trop parisiens", Eliad est critiqué vivement pour ses „défauts de tempérament", son esprit soupçonneux, sa manie de ne voir qne des traîtres dans ceux qui ne partageaient pas ses opinions, sa fatuité de s'ériger en adversaire personnel du Tzar. Les princes Stirbey et Grégoire Ghica, nommés après la fin des troubles et la signature de la convention de Balta-Liman, y font, surtout le premier, assez mauvaise figure.

Quant aux solutions, Régnault démontre l'inévitable catastrophe turque, la nécessité de remplacer cet État qui disparaît par une autre formation politique, si on ne vent pas céder les régions qui appartiennent au Sultan à un rival beaucoup plus puissant et plus durable, le grand rôle qui revient aux Roumains dont l'existence même en Orient est une „bonne fortune" inattendue pour la latinité. Les réunir dans un royaume, une principauté, un duché sur la Danube ne serait pas ce qu'il faut pour créer un état de choses définitif. Tous les Roumains, ceux des Principautés aussi bien que leurs congénères, de Transylvanie, du Banat, de Bucovine, de Bessarabie, doivent former un Empire de 10.000.000 d'habitants, qui, au lieu d'être protégé par une Europe toujours tardive à l'appel, formerait lui-même une digne protectrice à cette Europe menacée par l'avance fatale des peuples de la steppe orientale.

Il est vrai que certaines conceptions de l'auteur furent abandonnées bientôt sous les influences qu'on devine. Non seulement sa manière d'envisager les événements de la révolution de 1848, mais aussi sa solution dernière furent changées par la propagande d'Eliad. Régnault en arriva à désirer uniquement — pour ne pas blesser à mort la Turquie — la création d'une seule principauté sous la suzeraineté du Sultan.

Et il faudrait citer, pour être tant soit peu complet, toute une série d'opuscules et d'articles destinés à soutenir cette cause des Principautés. Hippolyte Desprez avait écrit sur les révolutions de Hongrie et sur la Valachie elle-même („La Moldo-Valachie et le mouvement roumain“, dans la „Revue des Deux-Mondes“, 1-er janvier 1848), signalant le caractère „quasi-français“ de la ville de Bucarest, le beau costume des paysans, l'accueil affable fait à tout voyageur français, l'importance réelle de l'histoire et de la littérature naissante des Roumains. Bataillard, un républicain acharné, un ennemi irréconciliable du régime napoléonien, devint un vrai camarade des représentants roumains de la cause de l'Union ; il pensait venir, en 1847, avec Bălcescu, dans les Principautés pour y faire son enquête personnelle ; il fréquentait la „Bibliothèque Roumaine“, et, „se sentant Roumain dans le cœur“, il publiait dans le „National“ et la „Revue de Paris“ (année 1856) des articles dont l'un blessa profondément l'âme sensible de ce prince Grégoire Ghica dont la fin tragique était déjà proche. Léon Plée traitait, dans le *Siècle* (du 3 mars 1858) la „Question des Principautés devant l'Europe“ (il y a aussi une très rare édition roumaine). Sous le pseudonyme „Un paysan du Danube“, Taxile Delord, le futur historien de Napoléon III et, à ce moment rédacteur au même „Siècle“ et au „Charivari“, attaquait dans l'„Étoile du Danube“, qui paraissait à Bruxelles, avec Nicolas Ionescu comme seul rédacteur, les Puissances qui s'opposaient à l'Union des Principautés : la Turquie, bien entendu, l'Angleterre, par intérêt pour celle-ci, et l'Autriche, par crainte d'agissements en Transylvanie aussi bien que par cupidité d'avoir le cours inférieur du Danube. Le *Journal des Débats,* en 1857, était d'avis que la création d'un „royaume de Moldo-Valachie“ est une nécessité européenne et il ironisait les abus de l'armée d'occupation autrichienne dans ces termes : „L'Autrichien vous demande poliment votre lit, votre feu, votre pain, votre vin, votre drap, vos bœufs, vos moutons, vos vaches, vos chevaux, votre laine, votre lin, votre huile, et, pour peu que vous fassiez part de temps en temps au soldat de vos petites économies, il vous laisse le reste ; de quoi vous plaignez-vous ?". Le poète Édouard Grenier, secrétaire de Grégoire Ghica, lui dédiait ses vers, et on a conservé sa correspondance avec Basile Alexandri. Le vieux Vaillant lui-même, qui se consacrait alors à l'étude des Bohémiens ou Tziganes, se levait pour dire des vérités cruelles aux partisans du séparatisme moldave (1). Un „avocat à la Cour de Cassation et au Conseil d'État", Thibault Lefebvre, écrivait toute une dissertation, *Situation diplomatique des Principautés à l'égard des Puissances européennes*, pour prouver que les capitulations ne peuvent s'appliquer aux pays rou-

(1) „Étoile du Danube", p. 224. Une notice parle de lui en ces termes : „La Valachie lui dut en partie, en 1830, l'organisation de l'instruction publique; en 1831 la fondation de l'internat du collège national de Saint-Sava ; en 1840 l'établissement de l'école gratuite des jeunes filles ; en 1838 enfin le spécimen du Dictionnaire universel de la langue roumaine, pour lequel la Chambre valaque lui vota, à l'unanimité et à titre d'encouragement, la somme de 1000 ducats. Cf. ses paroles émues à la mort de Grégoire Ghica, ibid., p. 256.

mains qui n'ont jamais été partie intégrante de l'Empire Ottoman. Enfin Doussault rafraîchissait ses souvenirs dans *l'Illustration*, et, dans la même revue, les descriptions de voyage de Camille Allard, s'occupant de la Dobroudscha, mentionnaient plus d'une fois les Roumains. Hommaire de Hell, ingénieur qui fit le voyage de Perse, a publié même dans cette revue des impressions moldaves illustrées par son camarade de route, qui sont sous les deux rapports vraiment remarquables. Et Poujade, ancien consul en Valachie et mari d'une Ghica, demandait l'Union des Principautés, dans la „Revue Contemporaine" (15 décembre 1857). Les voix qui parlaient pour la Turquie, comme celle de H. Lamarche („l'Europe et la Russie, remarques sur la paix de Paris"), auteur d'un projet de confédération ottomane, ou pour le prince Bibesco (Amédée de Céséna, dans le „Constitutionnel"), pour le caïmacam Nicolas Vogoridès, qui se faisait appeler Conachi, d'après le père de sa femme, un grand et riche boïar et un poète estimé, et ambitionnait le trône de Moldavie (Doze, „Six mois en Moldavie"), étaient très rares,

A Bucarest même se trouvait un Français, Félix Colson (1), qui entreprit d'exposer, par

(1) Il y avait dans l'église de Drajna-de-jos un grand tableau religieux à la mode occidentale signé par un Colson. On nous a assuré qu'il est différent de notre auteur.

un opuscule écrit dans sa propre langue, les droits des Roumains envers la Turquie envahissante. Pour se défendre contre des empiètements plus anciens de la part de cette Puissance suzeraine, des boïars valaques avaient présenté dès 1770 aux conférences de paix russo-turques des prétendus traités que le poète Jean Văcărescu aurait découverts dans les archives de la Porte et par lesquels était réglée la situation de la Valachie envers la Porte ; au commencement du siècle, Démètre Cantemir avait forgé lui aussi, dans le but d'imposer aux Russes, les nouveaux protecteurs qu'il avait choisis, les clauses les plus favorables à l'autonomie moldave, un „traité" semblable, conclu entre le prince Bogdan, fils d'Étienne-le-Grand, et le Sultan. La chaleureuse prédication de Colson s'appuie sur ces actes, qui furent considérés, à cette époque aussi, comme absolument authentiques. Mais son ouvrage contient aussi d'autres renseignements précieux concernant les Principautés.

Dans ces Principautés mêmes, les salons aussi bien que les écoles, les vieux boïars conservateurs ainsi que la jeunesse qui s'éveillait avec le même désir de liberté nationale qui avait jeté au-delà des frontières leurs aînés, restaient soumis à l'influence française, malgré la surveillance du consulat russe restauré. Les pensionnats français continuaient à être la seule pépinière pour les jeunes gens appartenant à la noblesse ; vers la fin de son administration, Georges Bibesco s'était même proposé de „franciser" l'école secondaire, la soumettant—à la grande indignation, bien légitime, des partisans de l'enseignement national—, aux inspecteurs du roi, qui allaient contrôler les institutions scolaires du Levant. Les manuels étaient rédigés d'après des modèles français. Et, en même temps que des professeurs, Aaron et Hill, donnaient un dictionaire français-roumain, auquel répondait en Moldavie le dictionnaire roumain-français de Théodore Codrescu,—un journaliste studieux—, la littérature parisienne des romans à la mode, de George Sand à Eugène Suë et à Ponson de Terrail, passait en roumain, par le labeur acharné de toute une série de traducteurs, parmi lesquels aussi des femmes. Mais on n'oubliait pas non plus les ouvrages classiques, car on donnait une version du „Charles XII" de Voltaire et du „Télémaque", non plus que les ouvrages d'histoire, comme l'„Histoire de la civilisation" par Guizot. Bucarest surtout se montra très féconde dans cette œuvre destinée à donner à un public encore très peu formé, non seulement une lecture agréable et attachante, mais, parmi des éphémères produits du jour, aussi des enseignements utiles tirés des meilleurs sources.

Peu à peu la grande distance qui séparait les deux pays paraissait disparaître pour une société entière, nourrie, sans doute, de ses traditions nationales, mais presqu'au même titre de l'esprit de la France. Citons-en une seule preuve. „Dans une liste de souscription en faveur des inondés de France“, écrit, en 1857, un collaborateur de l'*Étoile du Danube*, „je trouve la somme de huit ducats d'Autriche et un quart de ducat provenant des pauvres villageois de deux petits villages, Hilișeul et Liveni, qui se sont cotisés pour venir en aide, disent-ils, à leurs frères de France“ (1).

Pour informer cette grande France lointaine sur le caractère national des Roumains dans les formes durables et supérieures de la littérature et lui donner les renseignements subsidiaires, on pensait à publier un recueil contenant des écrits de tout genre. La même feuille, publiée à Bruxelles, contenait, dans une correspondance de Bucarest, datée 5 janvier 1857, la notice suivante: „Un travail d'une grande importance, qui doit réunir les intelligences des deux Principautés, c'ést la collection des documents pour servir à l'histoire des Roumains. Sous ce titre on va réunir, traduire en français et publier nos historiens, nos chroniqueurs, nos codes, les rè-

(1) P. 67.

glements organiques annotés, un choix de nos meilleurs poètes, en un mot tout ce qui est propre à faire voir au monde que les Roumains des Principautés danubiennes offrent tous les éléments qui constituent une nation“ (1).

Ce recueil ne parut jamais; les écrivains se trouvaient pour la plupart au-delà des frontières, occupés d'une propagande nationale qui leur prenait tout le temps. Mais le public français eut pendant ce séjour en exil des principaux représentants de l'intellectualité roumaine des éditions françaises des meilleurs pièces d'Alexandri et de Bolintineanu, qui osa donner lui-même une version, médiocre, du reste, comme on pouvait s'y attendre, des ses *Brises d'Orient*. Ces produits d'un romantisme orienté vers d'autres cieux furent assez remarqués dans le monde littéraire. César Boliac, qui avait publié aussi un opuscule français sur la Roumanie, qu'il considérait seulement comme la préface du récit de ses aventures révolutionnaires, et une nouvelle sur Tudor Vladimirescu, chef du mouvement de 1821 (1), trouva lui aussi un traducteur dans la personne d'un certain Ferrand. La fille du Ban valaque Michel Ghica, Hélène, mariée, pendant quelques années, au prince russe Koltzov-Massalski, par-

---

(1) P. 70.

lait avec la même compétence, qui était réelle, des souvenirs de Marathon et du tombean du Dante, dans des articles très bien accueillis dans les périodiques de Paris, et il lui arriva même une fois, à cette exilée qui consacra trois gros volumes à la Suisse allemande, de décrire les beaux paysages de douce pastorale des bords du Danube inférieur.

Il avait été question d'un voyage en Valachie, avec une mission de la société orientale de Paris, d'Audiffred, son vice-président, et cette société, qui comptait parmi ses membres un Garcin de Tassy, un Victor Langlois, lui recommandait, en mai 1856, d'étudier spécialement les Tziganes, le vallum de Trajan et les monnaies (1). N'oublions pas Lejean, qui parle même dans son voyage en Albanie des observations géologiques faites du côté de Piatra (2). Depuis longtemps déjà des „fragments de chroniques moldaves“ avaient été traduits dans la même langue et publiés par Michel Kogălniceanu, ou, pour employer son orthographe, déjà mentionnée : „de Kogalnitschan,“ dans deux élégantes brochures parues à Berlin.

En 1855, la „Revue d'Orient“ publiait (3)

(1) „Revue d'Orient“, IV.
(2) Dans le „Tour du Monde“.
(3) I, p. 386 et suiv. ; II, p. 227 et suiv.

une étude sur „les ballades et chants populaires de la Roumanie“. L'auteur, qui mentionnait les principaux écrivains de la „Roumanie“ rêvée et était l'ami de Basile Alexandri, s'appelait Ubicini.

C'était le fils d'une famille bourgeoise d'origine lombarde. Né en France, il fut élevé dans le Midi et au bout de ses études il obtenait une chaire de rhétorique. Un voyage en Orient lui fit connaître la Turquie à ce moment de crise mieux que n'importe quel de ses contemporains. On connaît la sériede beaux ouvrages consacrés par lui à l'Empire ottoman, qui prétendait s'inspirer des conceptions politiques de l'Occident pour renaître à une vie historique active: on ne peut pas trouver un meilleur guide pour cette époque du *Tanzimat* que dans ses „Lettres sur la Turquie“, dans sa „Turquie nouvelle“ et d'autres écrits, jusqu'à celui qui expliquait, en 1877, la Constitution ridicule du visionnaire Midhat-Pacha, dans laquelle il s'obstinait à voir un instrument de progrès.

Il fut, assure son biographe, secrétaire du gouvernement provisoire et de la lieutenance princière de Valachie en 1848. Son rôle fut, en tout cas, très modeste dans ces semaines de convulsions politiques qui ne devaient pas produire un nouvel état de choses. Mais ce séjour à Bucarest lia pour toujours ce jeune homme curieux des choses d'Orient et amoureux de lointaine latinité pittoresque à l'œuvre ardue de la régénération roumaine.

Dans une lettre inédite à Kogălniceanu, — il continua à être l'intime ami de cet Alexandri, qui n'était pas pour lui, comme pour Billecocq, un simple „boïar moldave" —, il se déclarait Roumain d'âme, regrettant seulement de ne pas connaître la langue du peuple au développement duquel il s'intéressait si chaleureusement. Son discours fait à l'enterrement de J. J. Voinescu, un des représentants de l'émigration valaque, est un chef-d'œuvre de sentiment : il parle en termes émus de celui qui ne devait plus revoir son pays parce qu'il l'avait aimé plus que tout autre et il prophétise le prochain retour des exilés sous l'égide de la France. Ubicini préparait à ce moment, sur la base de l'ouvrage français de son prédécesseur moldave, une nouvelle histoire des Principautés, qu'il avait l'intention de conduire à travers les événements extraordinaires dont il venait d'être témoin. Encouragé et aidé, sans doute, par Kogălniceanu, il termina bientôt cet ouvrage, qui parut dans l'„Univers pittoresque" et contribua essentiellement à faire connaître la cause des Moldo-Valaques.

C'est un bon résumé, très bien ordonné et d'un style limpide et vivace. De très belles gravures l'accompagnent, représentant la ville de Hârşova, dans la Dobroudscha turque, ou bien telle colonnade, reste du palais des princes, à Câmpulung.

L'information est vaste et variée, l'auteur ayant connu tous les écrits français des émigrés et même, d'une manière directe, une partie des sources étrangères; il est en état d'employer le livre grec de Photinos, et on trouve même l'indication d'un travail inédit dû à Voinescu; pas un des voyages récents faits par les Français en Valachie ne lui échappe, et il fera même des emprunts à la description, si superficielle cependant, d'un Stanislas Bellanger (*Voyage en Moldo-Valachie*, deux volumes). La partie consacrée aux relations des Principautés avec la Turquie à l'époque moderne est traitée de main de maître, telle qu'on pouvait l'attendre de celui qui a écrit les „Lettres sur la Turquie". Un noble sens d'impartialité lui fait rejeter pour l'époque du Règlement Organique les calomnies que les différents partis se jetaient à la tête. Mais, à la suite de Colson, Ubicini est franchement anti-russe, et il n'épargne guère ceux qui, comme Stirbey, devaient leur situation à l'appui de la Puissance protectrice. Pour la révolution de 1848, qui a toutes ses sympathies, il est un témoin oculaire. Il finit en affirmant qu'il n'y a pour les Roumains qu'une seule question sociale: celle des paysans et une seule question politique : celle de l'Union des Principautés. Une dernière partie traite des mœurs et de la civilisation. Ubicini, qui s'occupa de la question roumaine dans différents articles publiés par les revues et les journaux du temps, ne devait revenir sur le sujet que plus tard, et, il y a une vingtaine d'années, M. Georges Bengesco, auteur d'une utile „Bibliographie franco-roumaine", dont les données peuvent compléter à chaque pas notre récit, publiait une exposition, originale parfois dans les arguments employés pour établir le récit, des „Origines de l'histoire roumaine". Vers la fin de ses jours, le vieux professeur, qui recevait une pension de la part de l'État roumain, était occupé à recueillir des documents français pour la grande collection des monuments étrangers de l'histoire des Roumains. Sa correspondance, si elle a été conservée, doit contenir de nombreux renseignements sur la dernière phase de cette histoire.

CHAPITRE XI

La guerre de Crimée et la fondation de l'Etat roumain

Lorsque l'Empire français commença la guerre de Crimée, l'opinion publique ne pouvait pas consentir à la reconnaître uniquement comme une action politique destinée à raffermir les bases branlantes de la Turquie dégénérée. Formée par la noble propagande idéaliste des romantiques, elle exigeait des vainqueurs, qui avaient levé le drapeau de l'Europe future, plus libre, plus juste et plus durable, le relèvement des nationalités abaissées par les conquêtes et les annexions. Les souffrances de l'Italie et de la Pologne, à une époque où un auditoire considérable se passionnait aux leçons vibrantes d'Adam Mickiewicz et où le crédo de Mazzini était sur les lèvres de toute la jeunesse républicaine, trouvaient des âmes en état de comprendre ce qu'un peuple en détresse peut demander en sa faveur à la conscience universelle. Kossuth lui-même rencontrait en Angleterre des partisans enthousiastes de la liberté magyare et en France des amis personnels et des auxiliaires de ses efforts dans les cercles les plus influents qui entouraient l'Empereur, et on sait que plus tard l'ancien dictateur républicain consentit à faire reconnaître le prince Napoléon comme roi de la nouvelle Hongrie.

Mais cette Hongrie, aussi bien que l'Italie délivrée, ne pouvaient résulter que d'une guerre victorieuse, d'une grande guerre absolument victorieuse contre l'Autriche, qui n'était pas encore l'ennemie. Pour détacher la Pologne de l'Empire de Nicolas I, il aurait fallu un autre succès que celui de Sébastopol et surtout le consentement de l'Autriche et de la Prusse, qui craignaient de perdre la part qu'elles s'étaient attribuée à la curée. Puisqu'il fallait cependant nécessairement une satisfaction à ces intellectuels, assoiffés de délivrances nationales, à ces bourgeois dont l'âme était dominée par un idéal supérieur aux combinaisons politiques provisoires et passagères, eh bien on se vit obligé de créer la Roumanie.

Les Principautés, occupées par la Russie au début du conflit avec le Sultan, avaient subi ensuite une nouvelle prise de possession par les Autrichiens, à la suite d'une entente diplomatique avec la Turquie. L'empereur François-Joseph espérait pouvoir même les annexer à ses domaines, en vertu des anciens rapports de „vassalité" avec la Hongrie du moyen âge. Rien ne fut ménagé dans ce but: les commandants des troupes impériales furent des Italiens comme le comte Coronini, qui s'était adjoint comme aide-de-camp Grégoire Brâncoveanu (Brancovan); on fit de splendides promesses aux boïars alors que la solution de la question paysanne était mise en perspective pour satisfaire les légitimes revendications de la classe laborieuse. On n'oublia pas les attraits des banques et des crédits, et de grands travaux techniques devaient être accomplis, pour mettre en valeur ce pays arriéré. Et pour résultat on n'eut que l'aversion générale.

Telle était la situation des esprits, à Bucarest, aussi bien qu'à Jassy, lorsque le traité de Paris, accordant à la Moldavie un lambeau de la Bessarabie méridionale, établit un nouvel état de choses pour les Principautés. Elles devaient former, sous la garantie des grandes Puissances, un bloc politique de défense contre la Russie, qui avait perdu, en même temps que le droit d'entretenir une flotte dans la Mer Noire, le protectorat acquis par de longs et opiniâtres efforts. Une conférence qui devait tenir ultérieurement ses séances allait s'occuper des détails de cette réorganisation.

Il avait été question, un moment, d'ajouter un corps auxiliaire roumain aux troupes françaises, anglaises, piémontaises et turques qui combattaient à Sébastopol, Certains des représentants de la jeunesse l'auraient désiré chaleureusement. Il n'y eut cependant que quelques officiers qui servirent sous les ordres des chefs ottomans; c'est en vain que les révolutionnaires de 1848, comme Rosetti et les Golesco, accoururent de Paris pour solliciter l'honneur de combattre, avec les paysans de l'Olténie, qu'ils espéraient pouvoir mettre en mouvement, contre toute domination étrangère, qui, aux dépens des Turcs, se serait établie sur le territoire de leur patrie; on les vit à Vidin et à Galatz même, en Moldavie, mais leurs offres furent repoussées. Le souvenir de leur action perturbatrice et surtout les appréhensions de l'Autriche, qui planaient sur ces fauteurs de troubles, capables de renouveler les désordres de jadis, amenèrent des ajournements et enfin le refus définitif d'Omer-Pacha, commandant en chef des troupes du Sultan. Il n'employa pas plus Eliad et ses adhérents, qui s'étaient rendus, pleins d'espérances, à son quartier-général. Les deux groupes d'émigrés faisaient, du reste, tout le possible pour se détruire dans l'opinion des Turcs, sans se rendre compte du mal qu'ils faisaient ainsi à la cause elle-même qu'ils désiraient et prétendaient servir.

Il ne restait qu'un seul moyen d'agir: la propagande faite dans les milieux politiques de l'Occident: à Paris et à Londres surtout. Les émigrés s'y consacrèrent entièrement, avec une infatigable activité qui est aussi leur titre de gloire envers la postérité. Mais bientôt ceux parmi les membres de la nouvelle génération qui étaient restés dans le pays eurent l'occasion de contribuer essentiellement à la création du nouvel ordre de choses. Pour connaître les vrais désirs des „Moldo-Valaques“ on avait décidé de les consulter eux-mêmes, en faisant rassembler par des lieutenants princiers des assemblées consultatives, qui siégèrent pendant quelques mois dans les deux capitales pour émettre les vœux dont avait besoin la conférence pour pouvoir se prononcer sur l'avenir des Roumains. Comme on tenait à garder en tout la note turque, pour ne pas froisser un „suzerain“ dont on amoindrissait, de fait, le pouvoir ou, au moins, on détruisait les illusions de pouvoir former un État unitaire turc aux dépens de toutes les autonomies historiques, les lieutenants furent qualifiés de caïmacams et les assemblées portèrent le nom bizarre, mi-turc, mi-latin, de Divans ad-hoc.

Les adversaires de cette Union des Principautés qui était dans les cœurs de tous les patriotes ont reproché à ces assemblées de s'être érigées en Constituantes, d'avoir débattu des questions sur lesquelles on n'avait pas demandé leur avis, d'avoir tenu à proclamer des principes généraux dont l'énonciation sur les bords du Danube ne pouvait servir à rien de réel et de pratique. Pour comprendre cette attitude, il faut tenir compte, non seulement des besoins urgents du pays, que la diplomatie européenne ne soupçonnait pas même, du désir naturel de mettre les réformes inévitables sous la sauvegarde du monde occidental entier, mais aussi de l'état d'âme de ces législateurs constitutionnels qui procédaient pour des desiderata comme s'il s'agissait de donner des lois et des règlements au nom d'un pouvoir reconnu.

Cet état d'âme était celui des romantiques français, qui partaient des principes de la Révolution. Les membres de l'assemblée des États réunie en 1789 n'avaient pas plus que les Moldaves et Valaques de 1857 le droit de se conduire comme les représentants indiscutables d'une nation devant être „constituée" d'après les idées d'une nouvelle philosophie politique, mais ils étaient aussi convaincus que ces derniers que toute représentation réelle du peuple a la mission de donner, de par un droit élémentaire, supérieur au droit écrit, une forme nouvelle à la société. L'esprit aussi bien que le ton des Divans ad-hoc était celui de la France.

Les vœux communs de la nation roumaine des deux Principautés comprenaient avant tout la formation d'un seul Etat. Napoléon III était un partisan de ce projet ; la nouvelle Roumanie aurait défendu les bouches du Danube contre tout empiètement futur ; en outre elle aurait été la première création politique de l'Empire restauré, dont les principes avaient été posés déjà dans les écrits de jeunesse de son chef.

Mais il fallut une grande force de conviction dans la justice et l'efficacité de ces principes et une conséquence à toute épreuve pour faire triompher cette solution favorable aux intérêts roumains. Il fallait vaincre d'abord la résistance de la Porte, qui était décidée à employer tous ses moyens classiques d'intrigue et de lenteurs pour empêcher la réalisation du projet. Loin d'admettre la possibilité d'un seul État roumain tributaire, elle croyait pouvoir arriver avec le temps à faire de ces principautés, qui n'avaient été jamais soumises à une administration directe, de simples provinces dont l'autonomie, reconnue formellement, serait traitée dans la pratique selon les intérêts de la nouvelle Turquie.

A ses côtés se trouvaient l'Angleterre et l'Autriche. La première restait fidèle à sa conception que l'Empire ottoman doit vivre, dans ses limites actuelles et sans aucun danger pour son développement à l'avenir. Selon l'expression de ses ministres, elle ne consentait pas même à discuter avec quiconque n'admettait pas le dogme qui était pour elle l'intégrité de la Turquie. Non seulement les diplomates, mais les journalistes — le *Times* en première ligne —, les auteurs d'articles sur l'Orient, les voyageurs qui exposaient l'état des choses et le mouvement des esprits en Orient étaient infatigables dans la défense de cet État déchu dont la rénovation n'était qu'une simple illusion de façade. Quant à l'Autriche, elle ne paraissait pas avoir abandonné définitivement ses anciennes visées sur la vallée du Danube inférieur et, en tout cas, elle ne voulait pas avoir dans cette Roumanie unique un danger perpétuel pour sa domination sur des millions de sujets appartenant à la même race et participant à la même civilisation nationale.

Les projets de l'Empereur étaient, en outre' soutenus très mollement par sa propre diplomatie, à commencer par Thouvenel, ambassadeur à Constantinople, lequel n'était guère enchanté du rôle, qui lui était attribué, de combattre sans cesse son collègue anglais Stratford Camning, un personnage tout-puissant et particulièrement tyrannique, pour faire le plaisir de ceux qui lui apparaissaient un peu comme un tas de boïars turbulents et rien de plus. On ne pourrait découvrir un seul personnage de marque dont l'influence se fût ajoutée à la ferme volonté de Napoléon III de mener à bonne fin l'œuvre de l'unité roumaine.

Il serait superflu de rappeler dans un ouvrage des dimensions de ce petit livre, qui n'est pas destiné à suivre pas à pas les actions de la diplomatie, les phases par lesquelles passa la question des Principautés de 1854 à 1859, lorsque l'Union fut enfin accomplie. Il fallait avoir d'abord des „Divans“ réellement élus par le pays, et non par la police des caïmacams, dout ceux qui administrèrent la Moldavie, Théodore Balș et Nicolas Vogoridès, étaient des simples agents de l'Autriche et de la Turquie. Le pays lui-même était, en plus, trop peu développé encore pour qu'une conscience nationale toute-puissante fût en état de vaincre par elle-même tous les obstacles et d'imposer des candidats favorables à l'Union. Vogoridès, qui avait sa pratique de diplomate, sut agir de sorte à avoir une assemblée composée pour la plupart de ses créatures. Et, en présentant le résultat de ses manœuvres éhontées, il se gardait bien de paraître comme Autrichien; alors qu'il portait avec ostentation à Jassy un beau fez rouge à gland bleu, il faisait savoir à Paris (1) qu'il est né dans le pays, où son père, Étienne, avait été caïmacan lui aussi—et il l'aurait été à la naissance même de ce fils, qui serait presqu'un prince,—qu'il avait, non seulement épousé la fille du poète Conachi, mais aussi hérité de toute sa fortune et de son nom même, qu'il nourrissait des sympathies spéciales pour la France et que sa femme était la protectrice la plus dévouée de la civilisation française dans ces régions de l'Orient. Un publiciste, Doze, déjà mentionné, fut gagné pour soutenir les droits à la couronne moldave du jeune et beau Grec, qui serait en état de rendre un grand service à la

(1) „L'Illustration", no. du 25 Septembre 1858.

France impériale en Orient, fondant une dynastie qui aurait pour toujours la mission de servir les intérêts de celle des Napoléonides. D'autres panégyristes faisaient l'éloge d'Alexandre Ghica, devenu caïmacam de Valachie (1), de tel autre de ses concurrents. Il ne faut pas oublier que ces intérêts personnels étaient représentés à Paris par des hôtes bien connus, comme Grégoire Ghica, fils du prince valaque de 1822 et époux d'une dame Amélie Soubiran, qui a publié un opuscule sur „La Valachie devant l'Europe", ou bien son homonyme moldave — marié aussi à une Française —, qui avait régné de 1849 à 1856 ; le premier fut tué dans un accident de voiture en 1858 (2), l'autre, persécuté dans sa retraite par ses adversaires, qui avaient obtenu aussi l'appui de Bataillard, se suicidait dans son château de Mée.

Cette propagande active n'eut pas l'effet attendu. L'Empereur considérait comme une question de prestige en Orient l'annullation des élections moldaves. Malgré son mauvais vouloir, Thouvenel dut employer jusqu'aux dernières armes de la diplomatie contre la morgue et le défi de Réchid-Pacha, qui occupait alors les fonctions de Grand-Vizir. Il fit préparer le vaisseau de son départ et des-

(2) „Le Monde illustré", 1858, I, p. 324.

cendit le pavillon. Alors seulement la Porte céda et de nouvelles élections furent ordonnées, dont le résultat ne pouvait plus être douteux. On a montré un peu plus haut quels furent les vœux que l'Assemblée moldave exprima en 1857.

Mais Napoléon n'était guère disposé à sacrifier cette alliance permanente avec l'Angleterre, qui était devenue la base même de sa politique. Il fallut bien en arriver à un compromis. A Osborne, où se rendit l'Empereur pour conférer avec la reine Victoria, fut conclue une entente verbale qui concédait aux Roumains seulement une forme imparfaite de l'Union, avec deux princes, deux assemblées, deux armées, mais avec une législation commune qui devait être établie par une seule commission siègeant à Focşani, sur la frontière, et avec des insignes de l'Union sur les drapeaux.

Pendant ce temps, en Moldavie même, l'agent d'Autriche et le commissaire de la Porte trouvèrent devant eux l'opposition acharnée du consul de France à Jassy, Victor Place. Il encouragea les efforts de la jeunesse patriotique, qui exerçait une influence de plus en plus prédominante sur le pays, et il fut un des premiers à acclamer le succès définitif de cette lutte opiniâtre. Lorsque les commissaires des Puissances parurent à Jassy, Talleyrand, celui de la France, fut accueilli par des ovations enthousiastes. A un moment donné, on eut — ajouterons-nous — à Bucarest, la visite de Blondel, ministre de Belgique à Constantinople, un simple voyageur passionné de sciences, à l'en croire, qui aurait eu cependant la mission réelle de préparer l'Union pour donner un trône en Orient au comte de Flandre. A Bruxelles paraissait l'organe français du parti de l'Union, l'*Étoile du Danube,* inspirée par M. Kogălniceanu et rédigée par Nicolas Ionescu. Le 5 février 1859, le colonel Cuza, déjà élu, une dizaine de jours auparavant, prince de Moldavie, sous le nom d'Alexandre Jean I-er, devenait aussi prince de Valachie, et cette double élection tournait les difficultés soulevées contre l'Union en donnant aux deux Principautés un seul prince, capable, par son énergie indifférente aux risques et par sa franchise conquérante, de forcer les derniers retranchements de l'opposition turque et de faire de sa situation si heureusement exceptionnelle quelque chose de plus : la couronne des Principautés Unies, puis de la Roumanie unitaire.

Ancien élève des institutions scolaires de Paris, Cuza se considéra toujours comune le protégé de la France, à laquelle il devait son trône. Son secrétaire politique était Baligot de Beyne, qui avait rempli des fonctions de confiance auprès des dignitaires turcs. Il accueillait avec empressement tout représentant de la France. Comme presque tous ses contemporains de la noblesse roumaine, il écrivait mieux le français que sa propre langue et le parlait de préférence. Des officiers de la mission militaire française organisèrent son armée.

Mais surtout il représenta d'un bout à l'autre de son règne, fécond en grandes réformes comme la création d'une propriété paysanne personnelle et libre et la sécularisation des biens-fonds appartenant aux Lieux Saints d'Orient, le système napoléonien, dans tout ce qu'il avait d'utile et dans tout ce qu'il avait de factice. Malgré ses fréquents conflits avec les assemblées qu'il ne pouvait pas dominer, mais auxquelles il n'entendait pas non plus obtempérer, il resta le maître, tout en faisant semblant d'observer les formes de la démocratie parlementaire.

Pour résister à ces boïars ambitieux et intrigants, dont la force politique envahissante représentait de ce côté ce que représentait en France l'énergie indomptable des riches bourgeois et des avocats éloquents, il s'appuya sur ces paysans mêmes, qui n'oublièrent jamais le grand bienfait dû à sa résolution. Usant de coups d'État contre des députés qui préféraient abandonner leurs propres principes et déserter les meilleures causes seulement pour faire acte de hardiesse contre la personne du „tyran“, il n'oubliait pas de soumettre sa nouvelle constitution, qu'il nomma le „Statut“, d'après celui que Victor Emmanuel II avait octroyé à l'Italie créée par son étoile, à la ratification d'un plébiscite préparé par l'administration.

La partie de l'opposition qui était de fait républicaine, avec C. A Rosetti à leur tête, n'avait pas perdu cependant les relations avec le parti avancé de l'opposition française ; Bataillard leur reprochait même de s'appuyer néanmoins sur cet autre tyran, bien plus pernicieux à leur avis, qui était Napoléon III lui-même. Certains d'entre les mécontents s'étaient abrités à Paris, où ils publiaient des pamphlets envenimés contre le prince, dénonçant surtout, pour le discréditer dans les milieux politiques français, ses relations avec la Russie, à laquelle il aurait voulu demander son successeur, ce „prince étranger“ depuis longtemps demandé par le pays, un des ducs de Leuchtenberg, petit-fils, par leur mère, la Grande-Duchesse Marie, de Nicolas I.

Aussi, lorsqu' une conspiration militaire mit fin au règne du prince élu avec un si grand et pur enthousiasme sept ans auparavant, le 24 février a. st. 1866, la France officielle dont le consul avait cependant offert ses services au prince déchu, entraîné par ses ennemis, ne protesta pas, et la France libérale applaudit, voyant dans ce triomphe des hommes de la liberté un prodrome heureux de ce qu'elle voulait accomplir elle-même contre le régime impérial.

Il fut question un moment de reprendre entre les représentants des Puissances garantes les débats concernant la forme définitive qui conviendrait le mieux aux Principautés, dont l'Union était considérée comme liée au sort du prince qu'elles s'étaient données et qui venait de prendre maintenant le chemin de l'exil. Une révolte fut fomentée à Jassy pour demander le rétablissement de la Moldavie séparée ; le gouvernement provisoire l'étouffa dans le sang. La Turquie parlait d'une intervention armée. La France elle-même pensait à échanger ces pays roumains, qui paraissaient être ingouvernables contre les provinces autrichiennes de l'Italie délivrée en 1859 qui réclamait ses frontières naturelles à l'Est. Il en fut question aussi à l'entrevue de Salzbourg entre Napoléon III et François-Joseph. Et pouvait-on en faire un reproche à cet Empereur représentant du principe des nationalités, qui devait bien établir une gradation entre ceux qui avaient droit à ses sympathies : d'un côté, les Italiens épris d'unité, capables de sacrifices pour la conquérir et la maintenir et, en plus, voisins immédiats de la France, et, de l'autre, ces Roumains, perdus dans la lointaine perspective de l'Orient, agités par l'esprit de faction et oublieux, au milieu des tumultes et des conspirations, des grands intérêts de leur nation, qui demandait encore des efforts immenses ? Mais la guerre entre l'Italie et l'Autriche, correspondant à celle que le roi de Prusse fit à l'empereur de Vienne, donna bientôt un autre pli à l'affaire. Le royaume de Victor Emmanuel II fut complété sans qu'il fût besoin de payer son agrandissement par l'abandon d'un autre pays latin dont les meilleurs fils n'étaient pas responsables pour les excès politiques d'une classe dominante en décadence, composée des derniers vrais boïars et des arrivistes qui cherchaient à les imiter sans avoir au moins leurs belles traditions.

La Roumanie resta donc entière, telle que l'avait fait la prudence et le courage réunis dans la personne de Cuza. On avait proposé en France, prétend un auteur assez bien informé, un nouveau chef dans la personne de ce prince Napoléon qui n'avait pas réussi à devenir roi de Hongrie. Un premier plébiscite, à la mode napoléonienne, offrit cette couronne de risques et de dangers à l'ancien candidat qui avait été le comte de Flandre. Mais celui qui, étant élu avec une majorité formidable, se décida à accepter fut Charles de Hohenzolleru-Sigmaringen, devenu, en mai 1866, Carol I, prince-régnant de Roumanie.

Ce n'était pas un Allemand de pur sang. Son père Charles-Antoine, ancien ministre, très libéral, du roi de Prusse, son parent si éloigné, que la généalogie a de la peine à s'orienter, était le fils de Marie-Antoinette Murat, et cette grand'mère fut la propre sœur du brillant et malheureux roi de Naples, un Français campagnard, originaire de la Bastide, où son père avait été un simple patron d'auberge. La mère du prince Charles, Joséphine, portait le nom de Joséphine de Beauharnais, première femme de Napoléon I, et sa propre mère, devenue Grande-Duchesse de Bade, était aussi une Beauharnais, Stéphanie, que l'Empereur avait adoptée et qu'il entoura toujours d'une sympathie toute particulière. Si la sœur de Murat ne joua jamais un grand rôle, Stéphanie remplit l'époque de sa personne, qui se dépensait en mouvements, en conversation, en projets et en actions politiques. Restée très Française, ayant comme une nécessité de se retremper sans cesse dans le milieu social de la France, où elle faisait de fréquentes apparitions — Nice devait la voir mourir —, elle eut l'intention de marier sa fille, Carola, avec Napoléon III, qu'elle avait connu dès les jours d'isolement et de mélancolie d'Arenenberg. Joséphine était bien une Allemande, mais qui n'avait pas négligé ses parents français auxquels de nouveau le sort avait souri ; il fut question d'un mariage entre l'Empereur et sa fille Stéphanie, qui devint, quelques années plus tard, reine de Portugal, pour s'éteindre bientôt à Lisbonne.

Et les alliances latines de la famille ne se bornèrent pas ici. Après le mort de la belle et bonne reine dona Estefania, épouse du roi dom Pedro, Léopold, fils aîné de Joséphine, épousait dona Antonia, fille de la reine du Portugal, dona Maria da Gloria, et de Fernand de Saxe-Cobourg, qui descendait du maréchal de Saxe; le fils de cette princesse de Bragance et de Bourbon est le roi Ferdinand, qui règne aujourd'hui sur la Roumanie et mêle ses efforts et ses souffrances à celles des soldats qui combattent pour l'unité nationale.

Charles de Hohenzollern lui-meme avait paru en France, où une amie de Joséphine, la sœur de lait de Napoléon, M-me Hortense Cornu, femme très intelligente et d'une grande influence, avait guidé ses pas. A cette Cour brillante de l'Empereur il fit la connaissance de la seconde fille du prince Lucien Murat, descendante elle-même par sa grand'-mère des Napoléon, et il demanda en mariage Anne Murat, devenue plus tard Madame de Noailles, duchesse de Mouchy. Un auteur roumain prétend que la condition posée par l'Empereur fut que le jeune prince entrât dans l'armée française, et il préféra ne pas quitter le drapeau sous lequel il avait servi jusque là. Le puissant courant national qui agitait fiévreusement alors la jeune Allemagne aura contribué à cette résolution, devant laquelle l'amour abdiqua; les Hohenzollern de Sigmaringen, princes catholiques rhénans, se plaisaient à rappeler à toute occasion que ce roi de Prusse est le chef de leur Maison aussi.

Un souvenir puissant de l'Empire napoléonien resta cependant toujours dans la façon d'être du Souverain de Roumanie. Il aimait comme son modèle le goût des beaux discours solennels, des pompes militaires imposantes, des grands travaux techniques; comme lui il avait le culte du prestige; un esprit libéral ne cachait pas chez lui non plus les tendances d'un despotisme actif et souvent bienfaisant. Plus d'un moment de son règne rappelle des pages, plus brillantes, du second Empire.

Quant à la direction politique de Charles I, ce prince trouva une société élevée à la française, connaissant parfaitement les décors brillants de Paris, s'intéressant aux derniers produits de cette littérature, parfois très frivole, qui distingue les derniers temps de l'époque impériale. Elle ignorait l'Allemagne et l'Angleterre, même l'Italie, elle ne voulant pas connaître la Russie et nourrissait un mépris plus ou moins justifié, mais stérile en tout cas et destiné à devenir pernicieux, pour les petits voisins des Balcans. Une seule politique était possible aux débuts, celle qui continueraif à rattacher le sort de la Roumanie à celui de l'Empire protecteur.

Si, malgré les aspirations persistantes—et si légitimes!—des Roumains à l'unité natioonale plus complète, par la réunion avec les „frères“ de Transylvanie, du Banat et de la Bucovine, un rapprochement eut lieu avec l'Autriche, ce fut la diplomatie française qui y contribua, et d'une manière essentielle. L'antagonisme avec la Russie persistait, et, comme l'Autriche était la rivale traditionnelle de l'influence russe dans les Balcans, on indiqua, de Paris à Bucarest, le chemin qui menait à Vienne. Le prince de Roumanie fit donc le voyage recommandé pour nouer des relations d'amitié avec François-Joseph, et dès ce moment les revendications nationales tombèrent au second plan, le monde officiel déclarant à plusieurs reprises, et d'une manière solennelle, qu'il renonce à les poursuivre, se bornant de temps en temps à réclamer amicalement — mais sans aucun fruit—un meilleur traitement des congénères vivant sous la Couronne de St. Étienne. Ceci n'empêcha pas cependant le duc de Grammont, ambassadeur de France à Vienne, d'entamer des négociations avec le prince Cuza, qui refusa noblement de s'appuyer sur l'étranger pour regagner une situaion injustement perdue.

Mais, quatre ans plus tard, la candidature du prince Léopold, frère de Charles I, au trône d'Espagne amena la guerre entre la Prusse et la France, et l'Empire en fut brisé. Entre les traditions abandonnées par la République, qui, préoccupée de problèmes intérieurs, dut restreindre son action au dehors, fut aussi celle des relations avec le lointain pays latin du Danube, qui devait tant aux efforts faits par le souverain déchu pour le triomphe de sa cause nationale. Et néanmoins, pendant les moments les plus difficiles pour la France, elle ne trouva nulle part peut-être des sympathies plus réelles et plus profondes qu'en Roumanie. Des manifestations pour la France vaincue se produisirent dans le Parlament de Bucarest, et M. P. P. Carp, qui ne nourrisait pas encore les sentiments qu'on lui connaît, déclarait, comme ministre des Affaires Étrangères, que „là où flotte le drapeau de la France se trouvent les sympathies des Roumains". L'ambassadeur de l'Empereur à Constantinople reconnaissait la gratitude que, au risque de s'attirer la colère et les représailles du vindicatif Bismarck, ce pays avait su montrer, tout seul, pour la grande nation latine de l'Occident.

Lorsque les événements de 1877 demandèrent à la Roumanie vassale de prendre une décision, elle s'adressa à la France républicaine pour lui demander conseil et appui. L'accueil de la part du duc Decazes ne fut pas trop chaleureux. Si vous vous décidez à agir, fut sa réponse, nous en sommes bien aises : le rôle des Puissances garantes est terminé, et vous porterez la responsabilité entière. Il fallut bien frapper ailleurs. Tout ceci n'empêcha pas Kogălniceanu de manifester sa profonde conviction que cependant, au moment décisif, le concours de la France ne manquera pas aux Roumains.

Après la participation héroïque de l'armée princière aux combats livrés autour de Plevna, où l'avait amenée l'appel du Tzar Alexandre II, le congrès de Berlin s'ouvrit au mois de juillet 1878. M. Waddington y représentait la France. Il consentit comme tous les autres aux cessions territoriales imposées à la Roumanie victorieuse et, comme tous les autres, il lui imposa l'admission au droit de cité des étrangers sans protection d'État.

Le commerce français en Roumanie subissait presque chaque année une diminution, qui s'expliquait par la ruée des mauvais produits, très à bon marché, venant de l'Allemagne. L'importation des produits qui formaient un vrai monopole de la France en Orient : parfumeries, articles de mode, soieries, tissus de luxe fut atteinte par l'adoption toujours croisssante de la pacotille de Vienne ou de la contrefaçon de Berlin. D'autre part, la blé roumain avait trouvé de nouveaux marchés en Occident.

Les représentants de la France en Roumanie, dont certains, comme Engelhardt et Coutouly, ne l'ont pas oubliée facilement, avaient plutôt un rôle politique de second ordre que celui de soutenir un commerce qui pouvait être largement rénumérateur et une influence de civilisation qui était à l'honneur et à l'avantage de leur pays. Les agences consulaires qui existaient dans les dlstricts dès 1830 disparurent peu à peu, et le consulat, jadis florissant, de Jassy fut confié à un vice-consul qui n'était pas même un diplomate de profession, mais bien un simple gérant, vivant d'autres occupations, qui l'amoindrissaient au milieu d'une société éblouie par la richesse et le luxe.

Cependant à cette époque des voyageurs et autres écrivains français — sans compter le Belge Laveleye — consacrent des pages de sympathie au nouveau royaume roumain, proclamé en 1881. Sur les traces de St. Marc Girardin, Élisée Reclus, qui visita Bucarest en 1883 encore, constate l'origine latine des Roumains, leur importance civilisatrice dans ce Sud-Est européen où ils occupent la première place, de même qu'ils l'auraient dans une Confédération balcanique future, la distinction physique et la noble fierté du paysan, la grâce des femmes et le droit que cette nation a de former un seul État comprenant tous ses membres (1). Des pages plus superficielles sont consacrées par Edmond About à son passage par la Valachie.

Un Français, Ulysse de Marsillac, occupait en 1870 la chaire de littérature française à l'Université de Bucarest. Il publia une très bonne histoire de l'armée roumaine et rédigea pendant quelques années le *Journal de Bucarest*, une des meilleurs feuilles qui eussent paru en Roumanie. On a, à la même époque, des traductions d'Alexandri, un peu éloignées du texte, mais d'une grande ampleur et d'un noble essor, d'une belle harmonie, dues à un Rucăreanu, qui n'est qu' Antonin Roques, professeur de français dans la Capitale roumaine. Le passé des Roumains intéressait ce poète d'un talent réel aussi bien que l'inspiration populaire qui animait les vers de son modèle, et, comme il était arrivé à écrire couramment notre langue, il fit représenter une pièce en roumain, dans laquelle il exploitait, à grand fracas romantique, les tragiques malheurs du prince valaque Cons-

(1) *Nouvelle géographie universelle, Europe méridionale*, I, pp. 244—276. Cf. *Correspondance*, II, p. 194 note ; p. 286 et suiv.

tantin Brâncoveanu, exécuté par les Turcs, avec sa famille entière, en 1714.

Le „Journal de Bucarest“ ayant cessé de paraître. d'autres hôtes français, Émile Galli et Frédéric Damé, publièrent en 1877, une nouvelle feuille française, *l'Indépendance Roumaine,* qui eut ses vicissitudes. Galli rentra en France, Damé fut ensuite rédacteur d'un des jouruaux roumains, *Cimpoiul* (la „zampogna“ italienne), qui donna, centre autres, une bonne traduction du „Quatre-vingt treize“ de Victor Hugo; on a de lui surtout un grand Dictionnaire roumain-français, d'une valeur lexicographique supérieure. Mais *l'Indépendance Roumaine,* aussi bien que les autres feuilles françaises, *l'Étoile roumaine, la Roumanie, la Politique,* ne furent que des organes de parti, destinés à la lecture des étrangers vivant en Roumanie, au „beau monde“ préférant la feuille française et à la propagande de certanis intérêts particuliers au-delà des frontières; les numéros de dimanche ne contiennent que la reproduction de fragments quelconques tirés de la littérature française la plus récente. Un essai, tenté tout dernièrement par un groupe de professeurs, de faire connaître à la France et à l'étranger en général la vie nationale elle-même n'eut pas de succès : la „Revue Roumaine“ de Bucarest ne vécut pas même une année. Les conférences faites par des Roumains au „cercle“

bucarestois de la revue parisienne „les Annales“ ne contribuèrent guère, ni à accroître la connaissance par le public de Roumanie de l'esprit français dans ce qu'il a de plus noble et de plus utile à d'autres nations, ni à faire connaître aux Français de passage à Bucarest ce que la vie roumaine recèle d'original et d'intéressant. Pour atteindre les deux buts, il fallait s'y prendre de toute autre manière.

Pendant ce laps de temps, les études roumaines ne furent pas précisément en faveur à Paris, alors que la civilisation entière des Roumains, — soumise cependant à une puissante influence allemande, qui fut exercée, au moyen de la revue „Convorbiri literare“ („Entretiens littéraires“), par des jeunes gens revenus des Universités de l'Empire, comme M. T. Maiorescu, qui fit cependant aussi des études à Paris, et M. P. P. Carp —, continuait à subir une influence française, qui se mélangeait de plus en plus heureusement au propre fonds national, plein d'originalité et de vigueur. Si le plus grand poète de cette génération, Michel Eminescu, n'a rien de français dans ses morceaux lyriques si profondément vibrants et dans ses envolées philosophiques—il a traduit cependant du français sa pièce „Laïs“,—si la seule note populaire distingue les nouvelles du grand conteur Jean

Creangă et de Jean Slavici, le principal dramaturge de l'époque, Jean L. Caragiale, fut jusque vers la fin de sa vie un lecteur passionné des modèles français, auxquels il emprunta sa délicate analyse psychologique, son inimitable sens de la précision et de la mesure. La nouvelle de Maupassant, avec le calme de développement de ses cas d'humanité, trouva de nombreux imitateurs, et elle contribua sans doute à l'essor heureux que prit ce genre dans notre littérature plus récente. Dans les différentes branches de la science il y eut peut-être une influence encore plus profonde.

Il ne faut pas oublier ensuite que, pour les arts, l'inspiration vient, dès le début, de France et se maintient jusqu'à ce jour. C'est à Paris que firent leurs études nos premiers peintres, un Georges Lecca, un Tătărescu, un Lapati, élève d'Ary Schéffer, qui essaya vers 1850 de fixer dans un tableau qui ressemble à l'ébauche d'un sculpteur la grande figure du Voévode libérateur, Michel-le-Brave. Théodore Aman, fils d'un marchand de Craïova, se forma sous des maîtres français, à l'époque de la guerre de Crimée, dont il présenta des scènes aux salons de Paris, où elles furent bien accueillies. Nicolas Grigorescu, qui découvrit, avec le charme des paysages roumains dans la montagne, où il habita jusqu'au bout, les conditions spéciales du milieu atmosphérique, les particularités du plein air roumain, avait commencé, à l'époque où un Millet, un Corot révolutionnaient l'art français par de longues études patientes dans la forêt de Fontainebleau et dans les villages de Normandie. Son œuvre entière, si elle est pour les Roumains une splendide révélation de leur patrie, doit être comprise, sous le rapport de la conception générale et des moyens techniques, dans le chapitre de cette peinture française des derniers temps de l'Empire à laquelle il ajouta un idéalisme naïf et rêveur.

Il ne faut pas oublier non plus que notre meilleur compositeur, Georges Enescu, appartient à la France presqu'aussi intimement qu'à la Roumanie.

Cependant, alors que les traductions des poètes et des prosateurs français forment toute une riche branche de la production littéraire en Roumanie, presque rien de la littérature roumaine n'a pénétré en France, où, depuis l'époque d'Ubicini, l'intérêt pour l'âme de cette nation-sœur n'a cessé de diminuer. Et cependant, dès 1890 surtout, les littératures étrangères, même celles des nations moins développées, ont trouvé en France, non seulement des interprètes laborieux, mais aussi un public enchanté de découvrir ces nouvelles sources de poésie.

La faute en est en première ligne aux

Roumains eux-mêmes. Pendant que M. Émile Picot donnait un nouvel essor aux études roumaines par son cours à l'école des langues orientales vivantes, par son édition de la chronique d'Ureche et par des intéressants travaux d'érudition, pendant que des milliers d'étudiants se succédaient sur les bancs des hautes écoles françaises et qu'une colonie nombreuse de gens cultivés et riches passait son temps à Paris, il ne se trouvait parmi eux personne pour raviver un intérêt qui paraissait devoir s'éteindre complètement. Après 1850, un Valaque de l'Olténie, Grégoire ou — ainsi qu'il croyait préférable de signer —, Grégory Gănescu (Ganesco), qui avait commencé par traduire les „Aventures du dernier des Abencerrages“ de Chateaubriand, publiait, après un livre sur la Valachie, dans lequel il posait la candidature au trône de deux Cantacuzène, père et fils, et une étude sur le principe national, des journaux de polémique violente contre les mœurs du second Empire: „le Courrier du Dimanche“, „le Nain Jaune“, qui lui créèrent nue notoriété. Avec le temps, il était arrivé, à force de patience et de labeur, à se former un style français d'une verve particulièrement mordante, et certaines de ses pages ont une véritable valeur littéraire. Un de ses collaborateurs fut le fils de boïar Jean Floresco. Mais après ces frondeurs qui ont inscrit leurs noms à côté de ceux d'un Aurélien Scholl, d'un Prévost-Paradol et même d'un Barbey d'Aurevilly dans l'histoire de la réaction contre la dissolution littéraire et morale de l'époque, personne ne vint pour représenter un apport d'âme roumaine à la littérature française. Les beaux vers, d'une si robuste facture, de M-lle Hélène Văcărescu, dans lesquels vibrent les accents, les éclats d'une passion profonde, n'ont que très rarement des notes dues à la sensibilité douloureuse et parfois mystique qui nous est propre. Nous ne parlerons pas des imitateurs, parfois heureux, de la poésie française contemporaine; ils appartiennent par leur sang parfois à la nationalité roumaine, mais par leur éducation entière et par tout le milieu social à la France parisienne.

Cependant les ouvrages d'histoire de M. A. D. Xénopol, qui donna une grande „Histoire des Roumains“, en deux volumes, trouvèrent un très bon accueil, qui encouragea l'auteur à présenter au public français ses „Principes fondamentaux de l'histoire“, discutés avec intérêt. M. Xénopol, très connu en France, est membre étranger de l'Académie des Inscriptions. Il y avait été précédé par Georges Bibesco, fils du prince régnant, qui, combattant en 1870 dans les rangs de l'armée française, à côté d'autres Roumains, — un Constantin Pilat, qui abandonna son siège de député, un Șaguna, parent du grand Métropolite des Roumains de Transylvanie —, donna à la littérature française des pages très remarquables — transcrites par Zola lui-même — sur la campagne du Mexique aussi bien que sur la guerre contre l'Allemagne (1). Des renseignements sur la vie culturale des Roumains au dix-huitième siècle et à l'époque de la renaissance nationale ont été donnés par un ancien élève de l'École Normale, Pompiliu Eliade, qui fut de son vivant professeur de littérature française à Bucarest. Le meilleur ouvrage de géographie consacré à la Roumanie est celui de M. Emm. de Martonne, „la Valachie“. L'auteur, qui a cherché lui-même avec un zèle infatigable ses matériaux, connaît le roumain et porte un intérêt réel à un pays auquel il n'entend pas prodiguer seulement de ces éloges incompétents qui ne peuvent qu'indisposer ceux qui en sont l'objet.

Il y a quelques années, alors qu'on nous croyait encore en France complètement annexés par la politique allemande et que le plus hardi n'aurait osé espérer une lutte pleine des plus douloureux sacrifices et des risques les plus graves aux côtés de la France, un de nos anciens maîtres, le professeur vénéré qui est M. Charles Bémont, directeur de la „Revue historique“, se trouvait de passage,

(1) Les ouvrages de philosophie de M. M. Drăghicescu et G. Aslan ont trouvé aussi des éditeurs et des lecteurs français.

comme membre d'une croisière scientifique, à Bucarest. Après avoir vu les monuments d'art ancien conservés alors dans le Musée de cette ville: pierres sculptées, boiseries ornementées, vases d'église d'un énergique et noble travail, chassubles et rideaux d'autel brodés d'or sur les doux fonds d'azur, de rouge pâle, de vert fané, exprimait dans quelques mots le sentiment que lui avait produit ce premier contact avec un art nouveau: „Le pays qui a donné ces œuvres ne mérite pas seulement d'être cité dans l'histoire de l'art, mais il y mérite un chapitre spécial". Il paraissait s'adresser ainsi, devançant le jugement de profonde admiration de M. Strzygowski, aux siens, à ces esprits français qui, quand ils le veulent, sont d'une si délicate compréhension pour toutes les formes nationales que peut revêtir l'originalité et la sincérité humaines (1).

Quelques moments plus tard, il était question avec le même visiteur distingué d'un mouvement populaire qui avait éclaté en Roumanie contre les membres de la société riche qui voulaient représenter sur la scène du Théâtre National de Bucarest une comédie lé-

(1) Nous relèverons encore que l'art populaire polonais des „Gorales" près de Cracovie, art adapté depuis peu et imité en France, n'est que l'art des paysans roumains, les „Gorales" étant les descendants de pâtres „valaques".

gère, empruntée au répertoire de certains établissements parisiens. Nous cherchions à lui en expliquer les vrais motifs, qui n'avaient rien à voir avec la profonde admiration que nous portons tous au génie créateur de la France dans tout ce qu'il a de plus sain et de plus durable. Et M. Bémont s'exprimait —nous nous le rappelons bien—dans ces termes: „Vous avez raison. Ce qui peut nous être agréable ce n'est pas de singer notre civilisation, mais bien de l'employer utilement pour provoquer ou hâter l'éclosion d'une nouvelle civilisation nationale". Et il s'adressait alors aux nôtres.

A cette heure, où nous glorifions cent mille Roumains qui ont versé leur sang—morts à tout jamais inoubliables, blessés aux nobles cicatrices—pour la même cause qui a demandé leur sang à plus d'un million des défenseurs du sol français et de l'honneur national, qu'on nous permette de souhaiter que ces appréciations d'un homme dont chaque parole représente une profonde conviction soient désormais les lignes directrices dans les relations entre la grande nation latine d'Occident et sa sœur cadette du Danube. Élevés à l'école française pour devenir d'autant plus nous-mêmes, nous sentous le devoir de remercier nos maîtres et éducateurs par le don le plus beau que puisse faire une nation: des sources de nouvelle inspiration jaillissant des profondeurs mêmes de son âme.

TABLE DES MATIÈRES

www.ingramcontent.com/pod-product-compliance
Ingram Content Group UK Ltd.
Pitfield, Milton Keynes, MK11 3LW, UK
UKHW020121200726
13856UKWH00002B/672